U0933775

百部青少年爱国主义教育读本

共·和·国·英·模·系·列

军旗增光彩

——人民解放军卷

艳华　永亮◎编著

团结出版社

图书在版编目（CIP）数据

为军旗增光彩：人民解放军卷 / 艳华，永亮编著. -- 北京：团结出版社，2013.2（2021.6 重印）

（百部青少年爱国主义教育读本. 共和国英模系列）

ISBN 978-7-5126-1527-4

Ⅰ. ①为… Ⅱ. ①艳… ②永… Ⅲ. ①爱国主义教育 - 中国 - 青年读物 ②爱国主义教育 - 中国 - 少年读物 Ⅳ. ①D647-49

中国版本图书馆 CIP 数据核字（2013）第 023827 号

共和国英模系列·为军旗增光彩——人民解放军卷

出　版：团结出版社
（北京市东城区东皇城根南街 84 号　邮编：100006）
电　话：(010)65228880　65244790
E-mail：65244790@163.com
经　销：全国新华书店
印　制：三河市信达兴印刷有限公司

开　本：710×1000 毫米　1/16
印　张：11
字　数：140 千字
版　次：2013 年 3 月　第 1 版
印　次：2021 年 6 月　第 2 次印刷

书　号：ISBN 978-7-5126-1527-4
定　价：36.00 元
（版权所属，盗版必究）

写在“百部青少年爱国主义教育读本”书前

中国人民大学中共党史系主任、博士生导师
中国中共党史人物研究会副会长
杨凤城

十年树木，百年树人。

对青少年进行爱国主义教育需要从长计议。今天的信息技术还在高速发展中，传播速度极为惊人，世界范围内的各种思想文化在人们的精神世界中相互激荡碰撞。弘扬和培育以爱国主义为核心的民族精神，是国民教育的重要任务，务必在精神文明建设过程中一以贯之，不容忽视，更不得有一丝松懈。

大处着眼，一个民族的精神必须适应时代发展的潮流，跟得上历史进程的趋势。小处着手，爱国主义教育尤其是对青少年的爱国主义教育工作，务必落实下来，落到实处，并且需要一个饶有兴味的形式呈现出来。惟其如此，爱国主义的精神气脉才能入乎眼耳，存乎心胸，真正成为个体生命的一部分。

中国人民百年来反对外来侵略和压迫，反抗腐朽统治，争取民族独立和解放，前赴后继，浴血奋斗的精神和业绩，可谓感天动地；中国共产党领导全国人民为建立新中国而英勇奋斗的崇高精神和光辉业绩，可与日月同辉。中国历史上尤其是中国近现代史上涌现出的著名爱国者、民族英雄、革命先烈和杰出人物，以及新中国成立以后涌现出的许许多多的英雄模范人物，他们是青少年爱国主义教育中最新鲜、最活泼、最具说服力的素材。

因此，对青少年推进行之有效的爱国主义教育，要突出和加强中国近现代史，尤其是中国共产党诞生之后的革命主题和红色主旋律的宣传。

“百部青少年爱国主义教育读本”系列丛书，以“弘扬红色主旋律”、“结合现实问题”为原则进行编写，紧紧围绕爱国主义教育的核心价值体系——爱党、爱祖国、爱社会主义，从历史到现实，从物质文明到精神文明，从自然风光到物产资源，对最广大的青少年进行丰富多彩、生动活泼的爱国主义教育，可谓正当其时，难能可贵。

眼前的系列读本，不禁让人眼前一亮，心生喜悦。编著者极力求其“真”——尊重史实的前提下，用生动活泼的语言讲述一个个真实可感的故事；尽力得其“趣”——饱含深情的语句让人物、事件在书中“活”了起来，“动”了起来，革命前辈的精神气息、信念品格扑面而来，感染着我们，感动着我们；竭力求其“美”——体例结构精心设计，又有大量珍贵历史图片资料作为辅助，更符合青少年的阅读习惯。一项项尽心尽力的创意和编辑工作，充分保证了这一系列读本的阅读价值。

寄望能通过快乐的阅读、有效的阅读，让孩子们的心灵之镜更明亮，让年轻一代的精神家园更加美好！

是为序。

2012年9月26日

目 录

Contents >>>

用左手敬礼的军人——丁晓兵

我愿做一竿翠竹，有骨有节，顶天立地，虽然难为栋梁，也能撑起一片天空；我愿做一朵红梅，不邀春，不媚俗，一生傲骨，零落成泥碾做尘，依然香如故。

——丁晓兵

丁晓兵，1965 年 9 月生于安徽省合肥市。1983 年入伍。1984 年 10 月入党，同年在执行军事任务中负伤，失去右臂。荣立一等功 1 次，三等功 2 次。先后被授予“全国自强模范”、“中国武警十大忠诚卫士”、“全国优秀共产党员”等荣誉称号。现任武警驻江苏某团政治委员，全国人大代表。

◎丁晓兵

血性男儿

丁晓兵常说：“阳刚和血性之美是属于军人的，没有血性的人不配做军人。一个血性衰竭的民族必定无法挺立于世界民族之林。而军人，应是最具血性和阳刚之气的群体。”他认为每个军人都应该是有血性的汉子，只有这样才能做到惩恶扬善，保家卫国。

在危险关头，人有了血性，他的使命感、责任感才会被激发出来。丁晓兵在一次没有流血却又最见男子汉血性的战斗中践行了自己的使命。

1995 年夏天，在开往四川某地的一辆公共汽车上，一个小男孩坐在爸爸妈妈的中间，他看着窗外蓝蓝的天空，空中飘着几朵洁白的云。这云，一会儿像一个古代将军，一会儿又变成了一个摩登女子。他指着其中的一朵说："妈妈快看，这朵云像不像爸爸。"那位母亲朝外看了看，说："呵呵，这怎么是你爸爸呢，我看它像一头野猪还差不多。"

孩子的父亲听出了话外之音，他笑着说："让我看看。哇！刚才还是野猪来着，一眨眼变成了一位穿白裙的女人。"

孩子的母亲知道自己的丈夫是在含沙射影，便假装嗔怒道："好啊，丁晓兵，你明明知道我今天穿的是白裙，看我不收拾你。"边说边亮出了拳头。

"谁让你先骂我来着，我这是以其人之道还治其人之身，呵呵……哎呦！别打了，我投降，我投降。"

"哈哈，爸爸投降了，爸爸投降了。"小男孩高兴地嚷着。这其乐融融的三口人，就是独臂英雄丁晓兵的一家。

当日，丁晓兵正和他的妻子陶婉珠、儿子丁陶，从云南探亲休假后返回部队。他们乘坐的客车从云南驶入四川境内时，有四个样貌凶恶、体格壮硕的大汉出现在了客车的前方。他们横在马路中间，强行拦下汽车，不由分说地打开了车门，凶神恶煞地冲了上来。靠窗而坐的丁晓兵本能地将妻子和儿子推入里面，自己坐在了靠过道的座位上。

这几名大汉都光着膀子露出一身横肉，他们见车上坐着一个穿着军装的军人，便有了一些顾忌，暂时不敢妄动。其中一个大汉命令司机继续开车，自己则在司机旁的发动机盖上叉开双腿坐了下来。他两眼冒着凶光，死死地盯着与他只有一米多远的丁晓兵。丁晓兵也纹丝不动地坐在那儿，两道剑眉立了起来，两道目光如两把利剑一样无形地展开了拼杀。两人就这样四目相对，谁也不发一声。车内的空气凝固了，原本嘈杂的车厢静了下来。在足足对视了一刻钟后，那人心虚了，他摇了摇头，拍了拍司机的肩膀，示意停车。当这伙人狼狈离去后，车内爆发出了热烈的掌声。陶婉珠自豪地依偎在丈夫的怀里。6 岁的儿子丁陶翘起大拇指："爸爸真棒!"

车上的人没有想到，刚才那个笑容满面的父亲，转眼间就变成了令抢匪胆怯的军人。这就是丁晓兵，他在家人面前，是个温柔体贴的丈夫，是个和蔼可亲的父亲。在危险面前，他又是个狭路相逢勇者胜的战士。

这个"不战而屈人之兵"的精彩战例，是丁晓兵对军人的血性和阳刚之美的最好诠释。他希望能够用自己的行动唤起军人的血性，也让社会赞美和讴歌血性的价值。

丁晓兵曾在日记中写道："每当看到小孩要从动画片里或游戏中寻找血性汉子，体味血性和阳刚之美；每当看到我们的同龄人要从武打片中解'英雄之渴'，要从'何须马革裹尸还'的军旅古诗中寄英雄之思，要从《拯救大兵瑞恩》等好莱坞大片中发英雄之叹，我就会有这样的冲动，作为一个军人，即便成不了英雄，也要永远流淌英雄的热血!"

英雄断臂

1984 年，祖国南疆将进行一次重要的军事行动。19 岁的丁晓兵入伍不到一年，在上战场之前，他写下血书："敬爱的党组织，我坚决要求战斗，打头阵、当尖兵，请党在战斗中考验我!"

党组织同意了他的要求，丁晓兵成为此次战斗中唯一的新兵。

战场上，弹如雨下，一颗手雷掉在了战士们中间。丁晓兵下意识地抓起手雷，顺势往外扔，电光火石之间，手雷爆炸了，丁晓兵昏死过去。

没过多久，丁晓兵醒了。他想要爬起来，但是右手使不上劲，侧头一看，整个右臂被炸断了，鲜红的血液不住地向外流。

丁晓兵不愧是血性男儿，他拔出匕首，割断了右臂与身体连着的一点皮肉，快速地用嘴和左手包扎伤口，然后把右臂插在了腰带上，想回去后再把胳膊缝上。

战斗结束后，丁晓兵所在的部队抓获了一名俘虏。丁晓兵和另外7个战士一起押着俘虏往营地跑。南方的山地，道路崎岖，树木杂生。他们跑了近4个小时，终于看到了营地和接应人员。此时，丁晓兵一头栽倒在地，不省人事。他身上的血快流光了，几公里长的山路上留下了一条长长的血迹。

战友们把丁晓兵抬到了医务室。没有呼吸，没有脉搏，心跳停止，心脏起搏器无效，强心针无效！丁晓兵全身的血管都瘪了，连血都输不进去。

战士们哭了，有人开始为“烈士”换衣服、用水擦拭他脸上的油彩，准备为他送行。

与丁晓兵一起回来的几个战士，疯了似地拽着担架，不让人把他抬走，哭着喊道：“丁晓兵没死，我们一起跑回来，就在刚才。他还能救活!”

也许是丁晓兵听到了战友的喊声，他突然有了生命的迹象。刚才替他擦脸时挂在鼻孔下的几根棉丝被吹动了。一位有经验的老医生眼睛一亮，他马上切开了丁晓兵小腿上的静脉，强行注入2600毫升血液。

这一觉睡了三天三夜，睁开眼睛的丁晓兵，看到白色的墙壁，红色的十字，这才意识到自己是在医院。突然，他想到了什么，扭头看向自己的右侧，顿时惊呆了：右手连同小臂都没有了，血染的纱布缠在右大臂上！

丁晓兵的心好像被刀绞一般的痛，泪水奔涌而出。“医生请把我的手接上，一定能接上！你们把我的手弄到哪了？我要我的手！”丁晓兵泣不成声地哭喊着。

医生万般无奈，只能劝说丁晓兵，让他好好养伤，一切都会过去的。丁晓兵右肘的关节已碎，断掉的手臂无法接上。想到丁晓兵要面对没有右臂的余生，医生的眼眶湿润了。

让丁晓兵没有想到的是：原本，国家为嘉奖对保卫祖国边疆做出贡献的人物设置了 100 枚金质奖章。为了褒奖丁晓兵的壮烈表现，上级领导特别为他增设了一枚奖章，让他成为第 101 枚金质奖章的获得者。此后，丁晓兵成了独臂英雄，为全国人民所熟知。

身残意志坚

按理说，作为一等功臣、二等甲级伤残军人，丁晓兵完全可以去享受生活了。依据国家政策，他也能获得一份有保障的工作。但是，丁晓兵没有迷失在鲜花和掌声中。他习惯了绿色的军装，舍不得红色的军旗。他有自己的初衷，更有自己的信念：一要学习，二要继续留在部队工作。没了右手，左手依然可以行军礼。

丁晓兵收起往日所获的荣誉，珍藏起那枚金质奖章，先读军校，以优异的成绩毕业。毕业后，他选择到基层带兵。这个决定让他身边的所有人都感到吃惊。一个独臂军人怎么带兵？军队里哪里见过没有右手、用左手敬礼的士兵，更何况还要同士兵一起艰苦训练，他怎么可能办得到？

丁晓兵的信念是：人不能为了活着而活着，人生的长度无法确定，但可以拓宽，可以加厚，可以活出人的质量来。他决心做一名用左手行军礼的人，不做那种碌碌无为，贪图享乐的人。

最终，丁晓兵下到连队当了指导员。

对于独臂的人来说，在部队的基层工作有不可忽视的困难。

一次紧急集合，让丁晓兵觉得很丢脸：打背包是士兵的基本功，但对于只有一只手的人来说，就是一件无比艰难的事了。等他用左手把背包捆住后，背着走出房门，啊！全连官兵已列好队形，一百多人在等他一个。怜悯的眼光，刺痛了丁晓兵的心。他心想：既然选择了这里，就应该为了信念，克服一切障碍。光会敬礼是不行的，所有士兵应做的事，都要从头来过！

涨红了脸的丁晓兵对着全连士兵撂下一句硬话："今天我给大家丢脸了，我保证一个月后再把脸给挣回来！"

此后，丁晓兵一有空就单手练习打背包，嘴和手互相配合。由于背包带硬，只能用牙齿叼着拉，次数多了，嘴角被磨破了，血流在了背包带上，把背包带都被染成了红色的。不仅如此，他的左胳膊也练肿了，一抬就疼。

有一次，通讯员实在不忍看下去了，就过来帮忙，结果被丁晓兵一把推到门外："你能帮我一次，但帮不了我一辈子。"

经过无数次的练习，10多天后，丁晓兵打背包的速度全连第一，无人能及。

因为左手力量没右手大，投弹训练不合格，丁晓兵又给自己定下了目标。他每天去操场练习左手投弹。几天下来，胳膊肿得连筷子都拿不了，只能用勺子吃饭。练到后来，胳膊不肿了，甚至比右手更加灵活，更加有力。

投弹测验开始后，丁晓兵左手一投：58米！事实上，40米就算优秀了。58米的成绩就是相当优秀！全连无出其右。

在军校的第一次考试中，丁晓兵没做完试卷。丁晓兵向老师申请延长20分钟。很显然，他用左手写字的速度赶不上正常人的速度。可监考老师认为，所有的学员都是平等的，学员丁晓兵能上学，就必须用左手按时答完答卷！这个结果，出乎丁晓兵的意料。

◎失臂不失志，对党的忠诚凝聚在军礼中

丁晓兵被逼到了绝境。为了赶上别人写字的速度，倔强的他天天到图书馆抄书，一个月用断了 9 根钢笔！之后，他独臂绘丹青，在书画界多次获奖。他的一手好书法，足以让绝大多数右手写字的人惭愧。

拿困难当磨刀石。丁晓兵这把闪着英雄光泽的“刀”，越磨越快，越磨越光！

除了绿色军装外，丁晓兵身上常见的一种颜色是紫色——青紫色的伤痕，是艰苦训练赠给丁晓兵的花朵！无法计量他到底吃过多少苦。

没有人强令丁晓兵必须完成那些只有用双手才能协调配合完成的军事训练动作，也没有人怀疑丁晓兵的能力和勇敢。他本来就是侦察兵出身，军事素质毋庸置疑。再说，谁会质疑为国家死过一次的英雄的赤胆忠心呢？为了保护他，上级要求他可以免除一些单手做很危险的训练，不过被他拒绝了。

丁晓兵系鞋带、越障碍、整内务、洗衣服，一切都是单手操练；单手射击，包括立、跪、卧 3 种姿势，涵盖自动步枪、冲锋枪、手枪、轻机枪、火箭筒等多种武器；甚至，极高难度的单杠单臂引体向上、单臂大回环，他都能应付得来。8 门军事训练课目，7 门优秀，1 门良好。

丁晓兵在渡过了生死难关之后，一次次迈过了荣誉、残疾、利益等种种关口，在平凡的工作和生活中，取得了一系列不平凡的成绩：丁晓兵所在的连队荣立集体一等功；他任教导员的营，连续几年被评为先进营；他担任团政委的团，荣立集体二等功。

英雄只有一只手，丁晓兵用这一只手抵住了一片天空！

军中模范教员——方永刚

我能舍弃我的生命，但不能舍弃我的事业；我不惧怕癌症，但我害怕离开我最钟爱的三尺讲台！我经常对别人讲，我是在党的创新理论哺育下成长成才的，我是党的创新理论与实践的直接受益者，我对党有着发自内心的深厚感情。

——方永刚

◎方永刚

方永刚，1963 年 4 月出生于辽宁省朝阳市建平县。1985 年复旦大学历史系毕业，同年 7 月入伍，1992 年 12 月入党，历史学学士、法学硕士、军事学博士，生前为海军大连舰艇学院政治系中国特色社会主义理论教研室教授、硕士研究生导师，专业技术 7 级。20 多年来，方永刚一直从事政治理论教学和研究工作，为发展军队教育事业和宣传党的创新理论做出了优异成绩，多次被学院评为优秀教员、青年教员成才标兵。

诲人不倦

方永刚军姿威武，嗓门洪亮，绰号“方大炮”。他一开口说话，只需两三分钟，马上变成另外一个人。

与三尺讲台相伴20多年，方永刚总能将看似枯燥的政策理论讲解得深入浅出、妙趣横生，被“点燃”的听众主动放弃课间休息，要求延时，直呼“听得过瘾”。

2007年1月15日，方永刚利用化疗间隙返回学院。教学楼坐落在半山腰，楼前那110级台阶再一次承载了方永刚异常沉重的步履。他来到教室，为政治系学员们讲授本学期的最后两节课。

事前，已经了解方教授病情的学员们，被叮嘱课间休息时不要围着方教授问这问那，让他歇一歇，更不能谈及病情。休息铃一响，学员们都很乖巧地躲避方教授的目光，反倒是方永刚把大伙叫到自己的身边，问：“我讲课的声音你们都听得清楚吗?”学员们点点头。方永刚解开衣襟，露出身上插着的导流管，一脸的歉然：“我病了，讲话有点费劲。不然，我会讲得更好更响亮的。”

两节课上完后，方永刚一字一顿地说：“祝你们成功!”然后，头也不回地离开了。教室里的空气，凝重而悲怆，他疲惫的步履踩疼了莘莘学子的心。

1月22日，方永刚又到大连市地税局讲授《深刻理解和正确把握科学发展观》的辅导报告。曾多次登上大连市地税局讲台的方永刚，过去一讲就是半天，但这一回，在讲到一个半小时的时候，就体力不支，大汗淋漓，只能来个“急刹车”。他愧疚地对大家说：“看来只能坚持到这儿了。我得了结肠癌晚期，正在化疗。”

在座的人们都十分震惊，大家一致劝道：“快回去休息，病得那么重应该好好调养，等病好了再来讲。”

方永刚回答：“谢谢大家的关心，我非常喜欢给大家讲课，在讲台上，我感觉不到自己是个病人，我会忘了身体的好坏，全身心地投入到讲课中来。”说完打起精神，敬了一个军礼，迈着平静的步伐离开了教室。听课的人员自发地站起来，用最热烈的掌声和方永刚道别，这在地税局政治教育的课堂上是从来没有过的情景。

每一堂课都讲那么精彩的方永刚，却总有一句话挂在嘴边："我是党的创新理论的直接受益者。"于是，他带着信仰，用一颗炽热的心用真情去传播马克思主义中国化的最新成果。他曾经到过北国的漠河边防，南疆的海防边哨，高校的讲堂，幼儿园的教室，街道的活动站，厂房车间，田间地头……人们已经无法统计出有多少地方曾经是他的讲台，有多少人受益于他的演讲。

在得知方永刚的身体每况愈下之后，所有接受过他帮助的人，听过他讲课的人都在为他祈祷。亲朋好友、领导同事、同学学生，基层官兵，还有竭尽全力诊治的医生护士，当他们想起这个可爱的人时或敬佩或欷歔，这些都让我们感知到方永刚的人格魅力和伟岸博大的军人风范。

后来，方永刚因病情加重住进了北京 301 医院，病魔让他不得已暂时离开了心爱的三尺讲台，但他对讲台的牵挂却始终不曾放下。他曾说："不管癌症是中期是晚期，研究党的创新理论没有限期。我能舍弃我的生命，但不能舍弃我的事业。我不惧怕癌症，但害怕离开最钟爱的三尺讲台。只要没有倒下，就要不停地学、不停地写、不停地讲，以实际行动践行党的创新理论。"

有情人终成眷属

1986 年春天，时任海军大连舰艇学院教师的方永刚恋爱了，恋人回天燕是学院幼儿园的老师。恋爱本应是轻松快乐的，但方永刚与回天燕的恋爱，从一开始就显得有些沉重。

方永刚出生在辽宁建平县萝卜沟乡水泉村，那是个土地贫瘠、十年九旱的小山村。懂事的方永刚学习非常刻苦，成绩一直在全镇名列前茅。

1981年秋，方永刚考取上海复旦大学历史系，成为村里的第一个大学生。本科毕业后，方永刚放弃了报考研究生的想法，老师为这个优等生感到惋惜。方永刚却说，父母为我上大学累垮了，兄弟姐妹也都尽了力。我不能光考虑自己的前程，而应该先就业，帮助父母挑起家庭的重担再考虑自己的事。

或许真是穷怕了，方永刚希望能找个家庭经济条件较好的姑娘娶回家。回天燕的家境比方永刚稍好一些，但爷爷因病瘫痪在床；母亲患哮喘病，干不了重活；弟弟妹妹又小，家庭重担自然就落在回天燕的肩上。从小就十分懂事的回天燕，也想找个经济条件比她家好的。每次约会，两人说着说着，就说到各自的难处，不是方永刚家里又来信要钱了，就是回天燕的爷爷又住院了。这是一场从一开始便不被看好的恋爱。然而，接触多了，双方又都觉得谁也离不了谁。

方永刚常挂在嘴边的一句话：一个人，连对自己的父母都没孝心，哪还谈得上对祖国、对人民的忠诚？当时，方永刚参加工作不久，每月的工资不到100元，他却每月给父母寄去70元。有一次，回天燕看望来大连看病的方母，进门后便愣住了：只见老人坐在小马扎上，地上摆着一盆热水，方永刚单膝跪地，正全神贯注地为老人洗头。正是方永刚这种赤诚的孝心感动了回天燕，让她下定决心跟这个男人过一辈子。

后来，方永刚来到回天燕家，听见躺在床上的爷爷说要解手，拿起便壶为老人接尿，然后又背着老人下楼晒太阳。回天燕的父亲见状很感动，他对女儿说：“这是个可以托付终身的男人。”

1988年4月21日，方永刚和回天燕到民政局办理结婚手续。工作人员问：“带照片了吗？”“带了，带了！”方永刚连忙拿出两张单人照片。工作人员一看，笑了：“我做了这么多年的结婚登记，还没见过拿单人照片来的。你们再简单也得去拍个结婚照嘛!”方永刚开玩笑说："没结过婚，真不知道有这个规定。"工作人员还算通融，把两张单人照片贴在一起，合并成一张独特的结婚照。

转眼到了"五一"节，回天燕第一次随方永刚回老家探亲。清晨，他们在锦州站下了火车，又坐了几小时长途汽车，然后扛着大包小包步行几十里，直到天擦黑时，才到方永刚的老家。

夜里，躺在铺着地板革的炕上，方永刚轻声问妻子："怎么样，天燕，不习惯吧？""还行，没什么不习惯，你的家不就是我的家？"回天燕说。方永刚感慨道："这里虽然穷，却是我的根啊!"回天燕轻声说："嫁鸡随鸡，嫁狗随狗，既然我选择跟你，就不会后悔。我相信你是一个好丈夫、好父亲、一个顶天立地的男子汉。"听到这，方永刚用手摩挲着妻子的脸，他此时感到无比的幸福：有这么一个知我、懂我、爱我的妻子，不知是哪辈子修来的福分啊!

平凡中孕育高尚

方永刚是个从不忘本的人，他在从事理论研究和教学的同时，还深切地关注着家乡那块贫瘠的土地。他常说，自己有了知识和能力，就应该思考如何帮助父老乡亲摆脱贫困。每逢休息日，方永刚就去学校附近的建筑工地、餐馆、人才市场，帮助乡亲们打听有没有工作岗位，是不是需要用人。他还爱去农贸市场转悠，看看有什么商机能够提供给家乡的农民兄弟。

久而久之，家乡人都知道有个叫方永刚的同乡在大连当海军军官。他古道热肠，喜欢助人，又有见地和能耐。从老家来的打工的、做生意的、看病的，都愿意来找他。

有一天夜里 10 点多，方永刚一家刚准备休息，突然一下子来了四

◎方永刚与妻子回天燕、儿子方舟合影

个老家的小姑娘，她们是投奔方永刚找工作的。那时，他们一家人挤在一间 20 多平方米的小屋。本来地方就小，现在又凭空多了四个人，怎么解决睡觉问题？权衡之下，方永刚让四个小姑娘和回天燕母子挤在一张床上，自己拿了一床毛毯睡在了客厅的长桌上。

妻子回天燕一宿没休息好，第二天一早带着黑眼圈去上班，心里憋了一肚子的气。下班后，她带着儿子方舟回了娘家。

方永刚忙活了三天，总算为四个小姑娘找到了活计。这时，他想起妻子儿子已经几天没照面了，连忙骑着车子赶去岳父家。“哟，咱们的方叔叔终于露面了!”回天燕见方永刚一进门就话里有话，“我说方永刚啊方永刚，咱们那个家索性改成旅馆，就叫‘方家旅店’怎么样?”

方永刚知道妻子受了委屈，于是轻声地安慰道：“客人来得多了，的确影响咱们的工作和生活，这些日子辛苦你了。你这么善解人意也应该知道，要不是城里的机遇多，这些农民的孩子能出来吗?”见妻子不吭声，方永刚又说：“农民是我们这个社会的弱势群体。老乡都是第一次进城，人生地不熟的，不找我们找谁？我们应该尽地主之谊，为他们办些实事。”妻子回应道：“其实，我倒无所谓，你平时很忙不顾休息，就怕人来人往多了，影响你的身体健康。”方永刚却说：“我没关系，作为一名党的理论工作者，能为乡亲们解决一些实际困难，我心甘情愿，也很高兴。”

是方永刚的老乡之一，家里穷，人又没什么特长，到三十多岁还在打光棍。方永刚把他带到大连，帮他在建筑工地找到一份活儿。方永刚怕张自海乱花钱，又帮他保存工资，几年下来，一共帮他积攒了6000多元。后来，方永刚又给张自海添了些钱，让他用这笔钱在家乡娶了媳妇，总算是安家立业了。张自海非常感念方永刚的恩情，他常对人说：“方永刚是我的恩人，如果没有他，我现在肯定是流浪汉一个，哪有现在的幸福生活?”

逢年过节，方永刚和妻子都要将在大连打工、做生意的乡亲们请到家里吃饭。有时是一两桌，有时是三桌。菜摆好了，酒斟上了，方永刚开始发表祝酒词，他先讲国内外大事，再讲最近出台的各项政策，还帮大家解惑答疑。方永刚讲得有声有色，大伙听得有滋有味，饭菜都凉了。回天燕每次都不得不出面制止：“差不多了，永刚，你别把政治理论课堂又搬到饭桌上来。”

2006年11月17日，积劳成疾的方永刚被推上了手术台。医生告诉回天燕，说他丈夫患的是癌症，并且已经到难以治愈的程度了。听到这个消息，回天燕的心像是被掏空了一般，她不敢大声哭泣，只能偷偷地抹泪，因为她不敢让丈夫知道这个噩耗。手术后，她还是没有说出实情，怕他经受不住如此沉重的打击。

在做完第一次化疗后，方永刚并没有待在医院休养，而是第一时间向医院请假回家去住。看到方永刚突然回家，妻子和儿子都非常吃惊。更让母子俩吃惊的是，方永刚坚持下厨为一家人炒了几道自己最拿手的菜。

明天就要回医院了，方永刚真不舍得离开这个家，尤其是在得知自己时日无多之后，他非常珍惜和家人相处的每一秒钟。靠在床头的方永刚拉过回天燕的手，深情地注视着她，然后柔声细语地说：“天燕，我现在不得不告诉你一件事情了，但你一定要挺住。其实，我得的是癌症，还是中晚期。”回天燕不知道丈夫是如何得知这件事的，但此刻她听丈夫这么说，就知道他已经坦然接受了这一无情的现实。他是个顶天立地的男子汉，是个坚强的军人！她拼命地咬住自己的嘴唇，不让泪水流出来。

住在医院的方永刚还是不老实，他开了张书单，让妻子回家取书，他准备为研究生做论文开题辅导。刚从重症监护室搬回普通病房，方永刚就把三个研究生叫来，为他们上课。这次，回天燕急了。她刚唠叨了两句，方永刚就发火了，说：“你不要动摇军心！我肚子里有病，脑子没问题，嘴更没问题！”

更让回天燕接受不了的是，刚做完第二次化疗，方永刚还坚持要去给政治系国防生讲授“新世纪新阶段我军历史使命”。回天燕十分担忧地劝他：“你现在这种状况，能不去吗？”方永刚说：“这是住院前就定下来的事，不能违约。”知道再劝也不管用，因为回天燕知道有些事情方永刚看得比生命重要。临出发前她一再告诫方永刚要压缩课时，不要由着性子来。因为回天燕了解他的脾气，一站在讲台上就会激情澎湃，全然忘了时间概念。但这次讲完课回来后，她发现方永刚的内衣全被汗水浸透了。

光辉的一生

1985 年 7 月，方永刚大学毕业，同年入伍，先后在海军政治学院、大连舰艇学院任教，长期从事政治理论教学和研究工作。他坚持深入学习、坚定信仰、时刻践行党的创新理论，深入工厂、农村、学校和社区，真情传播党的创新理论，被誉为“大众学者”、“平民教授”。

生命一分钟，奋斗60秒，这是方永刚的人生信条。

有一年，方永刚遭遇重大车祸，颈椎严重受损，危及生命。躺在病床上的108天里，方永刚看完了43本理论书籍，翻阅了100多万字的资料，完成了30万字的《亚太战略格局与中国海军》书稿。正是这种永不言弃的劲头，使得方永刚取得了丰硕的研究成果，他先后完成8项国家和军队重点科研项目，撰写了13部专著，发表了100多篇学术论文，26项成果在全国、全军和海军获奖。

方永刚认为，作为理论工作者有责任使党的创新理论为群众掌握，让它在基层中生长，从而转化为巨大的物质力量惠及全民。方永刚不仅仅是嘴上说说，他还事必躬亲，勇于实践，深入群众，讲授大众都能听得懂的理论。给社区居民讲什么是“和谐”，和下岗工人谈论二次创业，向农民朋友宣传“三农”政策，传播党的创新理论，方永刚就像一匹不知疲倦的老黄牛，辛勤地“耕耘”在自己钟爱的无形的讲台上。几年来他讲课辅导1000多场次，这还不算小规模的即兴演讲，听过他讲课的人数累计超过10万。

1998年10月，方永刚去长山要塞函授辅导，给部队讲课。从晚上9点一直讲到11点，他不觉得累，大家也不想去休息，听得津津有味，许多家属都抱着孩子站在走廊里听他的报告。台下不时响起潮水般的掌声，这是大家对方永刚最大的肯定和鼓励。

一次，方永刚到北海舰队搞专题调研，潜艇某基地请他去讲军人使命与战斗精神。由于讲得好，驻青岛地区的部队抓着他不放行，接二连三地有团队请他去讲，不到一周连续讲了15场，离开时官兵都不舍得他走，大家都说听他的课还没有听过瘾。

方永刚把老百姓关心的下岗再就业问题、三农问题、老工业基地振兴问题讲得通俗易懂，经常利用寒暑假和节假日深入到群众当中，坐在农民的炕头上与大家拉家常，对于老百姓的问题他一一认真回答，从不敷衍。有一次，他到旅顺口区铁山镇给党员干部讲课，本来一节课最多一个小时，他却讲了三个多小时，期间没有人离开。有一位80多岁的老党员拉着他的手说：“你讲的都是咱老百姓想知道的，听你讲半天，我这辈子都没白活。”

◎正在阅读中的方永刚

还有一次，一个镇请方永刚给本镇的农民讲讲致富的良策，他立马就答应了。他放弃了五一长假同全家旅游的计划，跑了许多村镇，咨询了许多专家，围绕科技致富、科技兴农等问题给大家上了一堂课，并提议通过小额贷款扶持农民上项目。报告结束后，一位大嫂激动地说：“你真是把党的好政策讲到俺的心坎上来了，让俺感受到了党的温暖。”

2006年11月，方永刚被确诊为晚期癌症。在化疗期间，方永刚以顽强的毅力在病床前完成研究生教学任务，带着引流管两次重返讲台授课。

2007年1月15日，刚刚做完化疗后的方永刚登上了讲台，给学生们讲“新世纪新阶段我军历史使命”。没过几天，他又应邀到政府部门作关于科学发展观的讲座。那堂课，方永刚光是擦汗就用去整整5包纸巾。

2007年6月，中央军委授予方永刚“忠诚党的创新理论的模范教员”荣誉称号。2008年3月25日，还有几天就是方永刚46岁生日了，但是天不遂人愿，已经是癌症晚期的方永刚闭上了那双睿智、明亮的眼睛，永远地离开了这个世界。

缉毒英雄——方红霄

作为人民卫士，在神圣的哨位上，站着是犯罪分子胆颤心寒的一把利剑！倒下是犯罪分子不可逾越的一道屏障！只要我站在哨位上一分钟，就要同犯罪分子搏斗60秒，我要用鲜血和生命，让哨位成为千万旅客的安全岛，犯罪分子的断头台！

——方红霄

◎方红霄

方红霄，男，1970年10月出生于湖南省岳阳市君山区许市镇肖台村。中国共产党党员。他于1990年3月入伍，曾荣立二等功1次、三等功4次。在担负昆明火车站执勤任务的5年里，他经历了无数次复杂情况和生死考验，始终牢记忠诚卫士的职责，与各类违法犯罪分子作坚决斗争，做出了突出贡献。1998年7月，他荣获武警部队首届“中国武警十大忠诚卫士”荣誉称号。

第一次生死考验

每年的6月26日，是国际禁毒日。作为毒品贩卖现象比较猖獗的

昆明市，决定在1990年的国际禁毒日举行一次大规模的禁毒大会。一方面惩治毒贩，销毁毒品，另一方面宣传毒品对人类社会的危害。一个叫方红霄的少年参加了这次禁毒大会。

方红霄年少的心灵被震撼了：上千公斤的毒品被化为灰烬，35名罪大恶极的毒贩被枪决，宣传册上毒品给人类社会所带来的巨大伤害，这些都让他触目惊心。这次禁毒大会后，他产生了投身反毒斗争第一线的想法，他希望自己能做一名缉毒、查毒的战士，杜绝毒品交易，使更多的人远离毒品的伤害。

有了目标就要实现，1990年19岁的方红霄离开家乡湖南岳阳，来到云南边陲，通过层层考核当上了一名武警战士。艰苦、紧张的新兵训练结束后，方红霄以7项科目全优的成绩和过硬的身体条件，被警卫大队挑中。但是他的初衷是想成为一名缉查毒品、打击毒贩的战士。于是，他为了理想，离开了警卫大队，到了缉毒、查毒的执勤一线。

方红霄在日记中写道："150多年前，西方列强正是用毒品吸酥了中国人强壮的体魄，才有香港百年的耻辱和圆明园的冲天火焰，才有了'东亚病夫'这顶曾令中国人感到耻辱的帽子。今天，如果不能斩断贩毒分子的罪恶之手，让'瘟疫'停止蔓延，我们将愧对人民卫士的称号。"

方红霄终于如愿以偿，他被分配到了昆明火车站这个缉毒查毒的最前沿阵地。为了尽快能熟悉工作环境，掌握违禁物品尤其是毒品、枪支隐藏的特点和特征，方红霄一边向中队的老同志请教，一边抽空到车站派出所、街道居委会，详细询问车站周围的地理环境、人员分布、旅客流向等情况。

在以后的每个节假日里，但凡是车站售票厅、商场、宾馆等人头攒动的场所都能看到方红霄的身影。他穿上便衣专拣这些人流量大的地方去观察，去和各式各样的人进行交谈，回到宿舍后再配合借来的《犯罪心理学》、《刑侦学》等书籍认真研读，以此来总结经验和规律。他结合执勤实践，对各种违法犯罪嫌疑人的言谈举止、衣着打扮、乘车路线、作案工具等特征及在接受检查时的神态表情进行综合分析，从中掌握规律，提高鉴别力。

老班长杨露曾被评为“全国十大杰出青年”。在他的帮助下，方红霄苦练出“看、听、闻、摸”四字绝招。每天只要往车站熙熙攘攘的人群里一站，他就能分辨出哪个是南方人，哪个是北方人，这个人是来旅游观光的，还是来出差办事的。

通过听口音，方红霄就能知道对方是哪里人，再进一步了解到这个人带的行李和物品是否符合这个地方的特点，同时还能根据旅客说话的口气、面目表情来判断出一个人是不是在说谎，有没有隐瞒问题。

通过艰苦的训练和平时对自己不抽烟不喝酒的严格要求，他练就出一套能分辨出伪装物品的气味中是否含有毒品的功夫。现在，他那双经过千万遍训练的超级敏感的手，只要一触及旅客的行李，手指就会感知到里面藏了什么东西，就算经过精心伪装的毒品也难逃他的掌握。

毗邻世界毒品产地金三角的云南省，处于中国反毒斗争的最前沿。犯罪分子都是一些亡命之徒，特别是毒品罪犯。他们很清楚一旦被抓住的下场和后果，所以他们一旦暴露，就会狗急跳墙，作垂死挣扎。

1993 年国庆之夜，方红霄第一次面对生死考验。

这天也是方红霄第一次走上火车站执勤哨位的日子。时间是晚上 9 点 10 分，方红霄进站口例行检查“三品”。

一个双手捂着肚子的小伙子，一脸痛苦地弯着腰来到检票口，声称肚子痛，要赶紧上车。方红霄看他病得不轻，就让他进站了。

那人没走几步，竟直起了腰，很明显这是在演戏。方红霄马上警惕起来，疾步上前把他拦了下来，让他接受检查。那人一见把戏被识破，便猛地从裤裆里掏出一支手枪，狠狠地说：“今天你要是敢挡我的路，你就死定了！”

然而，方红霄早已把生死置之度外，面对冷冰冰的枪管依然非常

◎昆明火车站

镇定。唯一让他担心的是恶徒的子弹会伤及车站内穿梭往来的人群。方红霄强压着心头的怒火，提起了十二分的精神，凌厉的两只眼睛直视歹徒。就在敌我双方对峙的时刻，正好有人从歹徒身后跑过，听到脚步的声音，歹徒以为后面有人袭击他。就在歹徒一愣神的空隙，方红霄飞脚踢掉歹徒的枪，顺势一个擒拿，抓获了这名云南省公安厅正在通缉的盗枪犯。

生死缉毒线

靠着一身过硬的功夫和火眼金睛的本领，方红霄和他的战友们在这个没有硝烟的战场上，与凶相毕露的亡命之徒殊死较量，和乔装打扮的犯罪分子周旋斗智。6 年时间里，他和战友们共查获海洛因等毒品 45.3 公斤、假钞 14 万元、各类枪支 41 支、子弹 2172 发、管制刀具 38540 把，捕获各类犯罪分子 1919 人。

方红霄在与歹徒斗智斗勇中，彰显出人民卫士的英勇本色。1994 年 4 月 23 日上午，两名企图乘坐 166 次列车藏毒、运毒的贩毒分子，自以为隐藏很深，没想到还是被方红霄一眼识破。

这两名歹徒一高一低，穿着黑色风衣，腰藏尖刀。两人大摇大摆地向检票口走去。当时，昆明的气温已经有二十多度，方红霄觉得他俩的打扮和神态有些不太对劲，就暗暗盯着他们。当保安人员请他们接受检查时，两个人恶狠狠地瞪了一眼，一声不吭地往站里走。

见此情景，方红霄跑步上前拦住去路："对不起，先生，请把你们的身份证出示一下。"大个子瞟了方红霄一眼，气势汹汹地说："坐火车还要啥子身份证？我走南闯北还没有人看过我的身份证！"面对蛮横的指责，方红霄依然态度坚决，二人只好掏出了身份证。看完证件，方红霄顺手在大个子的腰里摸了一下，感到里面有个硬块，凭经验，方红霄断定是毒品。

当方红霄把大个子叫到一边，准备进一步检查时，只听站在一侧的副班长李明大喊一声："班长，快躲开！"方红霄闻声回头，只见小个子"刷"地抽出一把明晃晃的尖刀向他刺来。他忙闪身用左手一挡，只听"咔嚓"一声，手表玻璃壳被砍成两块，刀刃划进了手腕，顿时鲜血直流。

歹徒趁此机会挥舞着尖刀向站外逃去。方红霄顾不得手腕钻心的疼痛，顺手接过一位卖水果的老大娘递过来的扁担追了上去，一直将小个子歹徒逼进了一条死胡同。歹徒发现无路可逃，举刀向方红霄劈来。方红霄抡起扁担迎上去，扁担"咔嚓"断成两截。见方红霄手无寸铁，歹徒更加疯狂，明晃晃的尖刀在方红霄头上舞得"嗖嗖"作响。方红霄瞅准一个空当就势一蹲，躲过了横削而过的尖刀，一头将歹徒撞倒在地，当场擒获。

此刻，另一个膀阔腰圆的大个子毒贩，也被战士们围堵在一幢七八米高的两层楼上。方红霄"噌噌噌"几下爬上楼顶，逼近歹徒。歹徒跳楼而逃。方红霄也纵身跳了下去，没想到，左脚踩在废弃的木板上，一颗铁钉刺穿了脚背。眼瞅着歹徒向盘龙江逃跑，方红霄猛地拔出钉子，又追了上去。

两人相继跳进了盘龙江，不过，歹徒根本不是打小在洞庭湖边长大的方红霄的对手，几个回合下来，便被方红霄将刀打掉，生擒到了岸上。这时，方红霄受伤的脚肿得连鞋子都脱不下来了。

望着从歹徒身上搜出的1800克海洛因，方红霄这才松了一口气。一个人吸食3克以上海洛因就会成瘾。要是让这么多的毒品流入社会，不知又将毒害多少人，毁掉多少个家庭！

直面生死考验的方红霄，也时时面临着红与黑的较量、荣与辱的抉择。担任车站执勤班长不久，一桩试图用巨款换“通行证”的交易，摆在了他的面前。

那天，一个手提黑色密码箱的小伙子，急匆匆地向进站口跑来。方红霄请他开箱检查时，小伙子显得有些紧张：“来不及了，火车马上要开了……”

见他神色不对，方红霄把他带进了值班室：“没关系，我送你上车。”这下，小伙子更慌了，瞅瞅四周没人，从口袋里掏出一沓钱，说：“咱们交个朋友。”见方红霄摇头，小伙子以为他嫌少，急忙说：“要不这一箱子全给你，行个方便吧。”方红霄闻言一把揪住了小伙子的衣领，“别动，把货也交出来！”

小伙子用力挣脱方红霄的手，扔下箱子就往外跑。方红霄飞身越过护栏，扑了上去，从小伙子特制的“腰带”中，搜出了750克海洛因，密码箱里装着63万元崭新的人民币。

几年间，仅方红霄亲手抓住的犯罪嫌疑人就有800多名。对此，有人曾问他，你天天跟“黑道”上的犯罪分子打交道，弄不好会把命搭进去，难道你就不怕死吗？方红霄淡淡一笑，说：我是有血有肉有情有爱的人，也热爱美好的生命，也珍惜自己的青春年华。但我觉得，既然祖国挑选了我，就把青春和生命交给了祖国和人民。我的生命就永远属于祖国，永远属于人民！

无法撼动的屏障

人民群众把方红霄当成是卫士、英雄，毒贩子和黑恶势力却把方红霄视为眼中钉、肉中刺，想方设法去引诱他、恐吓他、威逼他。对于这些，方红霄和战友们无畏无惧，依然坚守岗位，从没有屈服过。

昆明火车站有段时间来了一批外地来的不法分子，他们以火车站为地盘，目无法纪大肆倒卖车票，被方红霄抓住过好几次，然而他们屡教不改。一次，这伙人在两名领头的票贩子的煽动下，挥舞着棍棒、菜刀，气势汹汹地来到售票厅，指着带领官兵执勤的方红霄破口大骂："姓方的，你跟咱哥们儿过不去，老子们今天就废了你！"一边骂着，一边举着木棒朝方红霄追打过来。面对穷凶极恶的歹徒，方红霄没有丝毫的畏惧。

当一名歹徒举棒朝战士刘小智的后脑打来时，方红霄猛扑上去，顺势夺过木棒，把歹徒打翻在地，将刘小智救了出来。可是，还没等方红霄转过身来，一个歹徒就从侧后挥着菜刀向他砍了过来。方红霄躲闪不及，手臂上被划了一道深口子，顿时鲜血直淌。他忍着疼痛，飞起一脚，将歹徒手中的菜刀踢飞。很快，车站的公安民警和中队官兵闻讯赶来，迅速将这伙歹徒制服，扭送到车站派出所。回到中队，方红霄只是简单包扎了一下伤口，又带领战士们走上了哨位。

1996年仲夏的一个中午，方红霄头顶烈日检查进站旅客。一把洋伞从背后遮在了他的头上。方红霄说声"谢谢"，回头一看，是一个面目清秀的女孩。"方大哥，我经常在电视里见到你，一直梦想能和你交个朋友，我特崇拜英雄。"那女孩主动搭讪。

"对不起"，方红霄礼貌地说，"对不起，这里是执勤哨位，我现在正在工作，期间不谈个人的事，你如果有什么事请找车站问询处。"

女孩并不放弃，撒着娇说："人家大中午的来找你，不就是想聊聊嘛。"边说边扯了扯方红霄的胳膊，"请你吃顿饭，方哥不会驳小妹我的面子吧。"

方红霄仿佛明白了什么，厉声道："小姐，请自重，我是不会和你去吃饭的。"

看来方红霄不吃这一套，那女孩最后说了实话："既然你这么直爽，那好，我也打开天窗说亮话。我是'黄毛帮'的，我们老大说了，只要方大哥在工作中给个方便，我就是你的人，随叫随到。每个月给你2000元，外加4条高档烟。"

真是踏破铁鞋无觅处，得来全不费工夫。"黄毛帮"一直是方红霄打击的对象。这是一个专靠色相和暴力欺诈旅客的团伙。车站警方多次围剿，均未根除。没曾想，今天竟送上门来了。他对女孩轻轻一笑："那好吧，跟我来。"没等女孩反应过来，冰冷的手铐已将她拷住。经审讯，这个女孩招认了"黄毛帮"的所在地点和犯罪场所。方红霄协助公安干警顺藤摸瓜，彻底端掉了这个53人的犯罪团伙。

金色的盾牌上镌刻着武警战士的尊严。面对金钱与美色的诱惑，方红霄正气凛然——"哨位就是阵地。即使送来一座金山，也绝不给任何人开一丝缝隙。"

面对软硬不吃的方红霄，犯罪分子尤其是一些犯罪团伙在屡屡失手之后，使出更加卑鄙的伎俩：一边对方红霄的家人恫吓要挟，一边炮制种种谣言诋毁他，企图逼方红霄就范。

有一年的除夕夜，方红霄的妻子蔡锦华一个人在家做年夜饭。电话铃突然响了。她拿起电话，话筒里传来一个恶狠狠的声音："听着！你男人毁了我们两个卖白粉的弟兄，刚才我们把他捅了，明天让你也去陪我们兄弟。"说完，"啪"的一声电话被挂断了。蔡锦华吓坏了，定在那里好半天才反应过来。她赶紧打电话到中队，被告知方红霄又不在，急得眼泪都下来了。等到好不容易找到心中牵挂的人，电话那头，方红霄笑着安慰道："放心，我不是好好的吗？我命硬，没那么容易死。"

后来，昆明市委、市政府代表300万市民赠给方红霄的铜匾上，镌刻着两行大字："犯罪分子眼中钉，人民心中一颗星"。

卫士小学

1995年元旦，四季如春的昆明出现了少见的寒冷天气。这天晚上，正在车站巡逻的方红霄发现候车厅房檐下躺着一个小男孩。小男孩的脸色发白，小手冰冷，只有胸口还有一丝热气。方红霄赶紧脱下外衣裹住小男孩，抱着他跑向铁路医院。

经诊断，小男孩因经常性饥饿引起了极度贫血，现在生命垂危，急需输血抢救。然而医院已经没有适合小男孩血型的血了。当方红霄发现他的血型刚好与小男孩的血型相匹配时，马上挽起袖子，抽了400毫升鲜血献给了这个陌生的孩子。当血液缓缓地流进了孩子的身体后，男孩的小脸上渐渐出现红润，不一会儿就苏醒了。

方红霄喜欢孩子，更懂得去帮助那些需要帮助的孩子。对于"卫士小学"的孩子们来说，方红霄这个名字他们再熟悉不过了。

宜良县草甸乡迎丰小学后来改名为"卫士小学"，这是迎丰小学的全体师生为感谢方红霄而改的。这也是全国第一所以"卫士"命名的小学，它与方红霄的名字是连在一起的。

作为宜良县最贫穷的地方，草甸乡有许多适龄儿童因为家贫无法入学，进了校的又时刻面临着辍学。

知道这个消息后，方红霄心里沉甸甸的。贫穷带来愚昧，愚昧又导致贫穷的道理，他这个农村出身的孩子心里非常清楚。他和妻子蔡锦华商量，宁可自己晚要孩子，也要省出钱来资助那里的特困生。

恰逢休息日，方红霄夫妇不辞劳苦，先是坐公共汽车，进山后坐上了牛车，一路颠簸来到了草甸乡。夫妇二人把辛苦存下的 600 元钱送到王艳、付天月两个女童的家里。

这次送钱只是开始，从那以后，夫妻二人轮流给王艳、付天月写信，告诉她们要放下负担，努力学习，做对社会有用的人才。常年下来，两人经常往乡下送钱、送物，山里的路也越走越熟了。在方红霄夫妇的关心与帮助下，王艳、付天月成绩优异，分别担任了副班长和学习委员。

1998 年 7 月 8 日，方红霄被云南省委、省政府授予“人民卫士”称号。他把领到的 2 万元奖金又全部捐给迎丰小学改造校舍。

“卫士小学”在各界人士的关怀下，很快就建好了，在庆祝开学的第一天，方红霄作为特约嘉宾应约而来。纯真质朴的山村孩子们，为了感谢方红霄的良苦用心，献上了一首对这位卫士叔叔表示由衷感谢的歌曲，孩子们齐声唱道：“你的名字是一盏灯 / 那些黑色的影子 / 不敢向你靠近 / 你的名字是一盆火 / 所有需要温暖的人 / 深深被你吸引……”悠悠的歌声中是孩子们真挚的心语，阵阵清风，吹动着方红霄胸前的红领巾，方红霄觉得孩子们太可爱了，为他们做得再多也是值得的，他的心随着这清纯整齐的童音，跳动着、感动着。

人民有难我有责，人民满意我高兴。人们说：“方红霄有一颗火一样的心，照亮了黑暗，温暖了别人。”

年仅 29 岁的方红霄以他火红的心、卓著的成绩、非凡的战果，赢得了一个又一个珍贵的荣誉。他先后被评为昆明市第八届“十大杰出青年”，全国首届百名“中国优秀青年卫士”。

1998 年 6 月，方红霄被云南省委、省政府授予“人民卫士”荣誉称号。同年 7 月，又被评为首届“中国武警十大忠诚卫士”，被武警部队授予“护法勇士”荣誉称号。此后，方红霄又荣获当代青年的最高荣誉——中国青年五四奖章。他还作为武警部队英模代表，多次受到党中央、国务院和中央军委领导的亲切接见。

身边的英雄——史光柱

如果说今天工人有责任制，农民承包责任田，那么，我们军人的价值就是承包 960 万平方公里领土、领空、领海的和平和安宁。

——史光柱

◎史光柱

史光柱，1963 年生，云南省曲靖市马龙县人。1981 年入伍，1984 年 1 月入党，2005 年 10 月从某部副政治委员职位退休。先后荣立一等功 1 次，二等功 2 次，三等功 2 次，1984 年被中央军委授予“一级战斗英雄”荣誉称号。现任中国残联作家联谊会副会长、协会会员。

战场上的英雄

对越自卫反击战中，老山战役是一场硬仗。这一仗打出了解放军的士气，打出了战士们保家卫国的决心。

老山，位于中国云南省麻栗坡县船头以西，是越南的河江市通向中国云南省的咽喉，其战略地位十分重要。中越双方对这个地方都极为重视。当时，越军不断对中国云南省边境一线进行挑衅、袭扰和蚕

食，进而入侵老山等地区。为了驱逐入侵的越军，保卫领土和边境人民生命财产的安全，巩固国防，除云南省军区所属部队坚守边防一线外，还先后从各大军区抽调部队参加防御作战。

史光柱曾任某团四班班长，在接到作战任务后，写下了血书：宁可前进一步死，决不后退半步生，宁可死在山顶，绝不死在山脚。

上战场之前，上级允许史光柱回家探望。虽然他很想回去看一眼年迈的母亲，做片刻的孝子承欢膝下，但是史光柱没有这样做。他只给家里写了一封信，信中写道："爹，当你收到这封信时，儿子已经上了战场。我不会给咱老史家丢人，您老就在家等着我杀敌立功的喜讯吧！到时候我胸前戴着军功章回家看你，你肯定会笑得合不拢嘴。如果你只收到军功章，也不要难过，我同千万个牺牲的士兵一样，都是为了保家卫国。"

1984 年 4 月 28 日凌晨，战斗打响了，史光柱所在二排的任务是：以最快的速度攻下 57 号高地，然后配合一排夺取越军连部驻扎的 50 号高地。一阵炮火过后，二排开始进攻，当冲到一半的时候，越军开始了疯狂地反击，妄想利用严密的炮火封锁二排的进攻。

一个炸弹在代理排长刘朝顺的身边爆炸了，顿时刘朝顺成了血人，史光柱马上扑过去为他包扎。这时，刘朝顺无力地对史光柱说："四班长，现在全排由你指挥，一定要打胜仗，不要给我们排抹黑。"史光柱哽咽地说道："请排长放心，只要我有一口气在，一定完成任务！"

史光柱判断了一下方位，带领全排向 57 号高地冲去。此时，57 号高地左侧的山包上冒出两挺机枪，凶猛的火力射了过来，随即倒下了两名战士。全排立即扑倒，火力压得史光柱抬不起头来，他暗想："想要进攻，必须敲掉敌人的火力点。"

史光柱马上指挥战士们隐蔽，然后他爬到一棵大树后面观察。这时，他已确定了一挺机枪的位置，立即拿起牺牲在一旁的战士的火箭筒，"轰"的一声，火箭弹击中了目标，越军的机枪哑然失声。与此同时，史光柱向右滚了两米，刚才的大树马上成了另外一挺机枪的目标。史光柱指挥机枪手压制敌人的火力，同时命令火箭筒手李林端开火。李林端连射了两发火箭弹，打掉了第二个火力点。史光柱又一次领着全排向前冲去。

二排战士打得更加勇猛了……随后，二排会合三排，一起攻占了57号高地。

史光柱迅速调整了一下战斗部署，带领战士们开始攻打50号高地，50号高地位于老山主峰东侧，上面有敌人的一个连部。高地由三个小山包组成。敌人在正面设有堑壕、交通壕、防步兵绝壁、不规则的雷场和铁丝网，形成以高射机枪、重机枪、无后座力炮交叉火力相结合的防御体系。

史光柱和代理副连长李金平分析了地形、敌情，决定采取正面牵制、侧翼攻击的战术。史光柱对全排同志说："战友们，有的同志为夺取战斗胜利已经献出了生命，我们一定要冲上高地，为牺牲的战友报仇！"各班按照划分的任务，猛虎般地向50号高地冲击。史光柱刚冲到一棵树旁，一发炮弹在离他头顶四米高的一根树枝上爆炸，同时，右侧也有一发炮弹接着爆炸。史光柱只听"轰轰"两声巨响，钢盔飞了出去，头部被一块弹片击中，左耳朵一阵剧痛，身体被气浪推出两、三米远。

不一会儿，史光柱咬着牙站了起来，立即组织第二次冲击。这时，副连长李金平说："光柱，你已经几处负伤，下去吧，我带部队冲击。"史光柱说："不，你是副连长，责任比我大，你在后面指挥，我带同志们上！"说完，史光柱带领战士们勇猛地向50号高地扑去。敌人的冲锋枪、机枪、明暗火力一起吼叫，曳光弹到处乱飞。史光柱呼唤炮火及时支援，全排迅速突击到敌阵地前沿。

这时，一排也冲了上来，两个排会合在一起。在一片缓坡地带，遇到了敌人的雷场，史光柱命令使用地雷开辟器，打开了五十多米长的通路。

通过雷区，是敌人设置的防步兵绝壁，高处约三米，低处约两米，战士们攀了上去。一登上绝壁，马上用火力压制敌人，四班、五班交替掩护前进，很快攻下第一道堑壕。史光柱率先跳下堑壕，带着战士们向第二道堑壕发起冲锋。

前进中，敌人一排手榴弹砸来。一块弹片打在了史光柱的喉部，一块弹片射进左膝。这时，他身上已是五处负伤，却一刻也没有犹豫，命令机枪掩护，又继续向前冲去。在离敌前沿堑壕两三米的地方，一名战士踩响一颗压发雷。史光柱的左眼像被刀猛戳了一下子，脸部打进几十块地雷碎片，飞起的泥土堵住了史光柱的嘴，闷得他透不过气来，两眼一片漆黑。他用右手往嘴巴上抹了一把，喘了一口气，又在左脸颊摸了摸，摸着一个肉团子，想扯下来，拉了一下，左眼钻心的痛——是他的眼球被打出来了。他喊了一声："副连长！"身旁的战士说："副连长的左小腿被炸断了。"

敌人眼看就要崩溃，胜利就在于最后的坚持。史光柱憋着最后一口气，挺了下来，这时他已经失明。他高声喊道："同志们，为党，为人民杀敌立功的时候到了，向前冲啊！"战士们高喊着："为排长报仇！为牺牲的战友报仇！冲啊！"史光柱的血流得过多，有点顶不住，心想：我决不能死在第二道堑壕，我死也要死在顶峰上去。他摸起冲锋枪，

◎老山作战纪念章

又继续向前吃力地爬去……不知什么时候，史光柱摔进堑壕里，昏了过去……

医生在史光柱浑身是血的身上，检查出八处负伤，其中六处是重伤，双眼、脸部、喉部、左耳、左右臂膝上有大大小小的弹片好几十块，仅从脸上取出的碎弹片就有一小把。史光柱在这次战役中活了下来，却失去了双眼。

史光柱醒来后第一时间就问："高地拿下来没有？"这时，在一旁的连长带着哭声说："史光柱，高地拿下来了，你的任务完成得非常出色。"

1984 年 9 月 18 日，昆明军区为战斗英雄召开庆功大会。史光柱不仅荣立了一等功，还被中央军委授予"一级战斗英雄"称号。

生活中的强者

史光柱双目失明后，并没有倒下。他靠着坚定的意志和顽强的毅力，克服了常人难以想象的困难，不断超越自我。

在 1985 年中央电视台春节联欢晚会上，史光柱以一首自己作词的歌曲《小草》，感染了无数国人，迅速走进千家万户：

没有花香没有树高
我是一棵无人知道的小草
从不寂寞从不烦恼
你看我的伙伴遍及天涯海角
春风呀春风你把我吹绿
阳光呀阳光你把我照耀
河流呀山川你哺育了我

大地呀母亲把我紧紧拥抱

……

史光柱多次在全国作事迹报告，成为20世纪80年代中国青年心目中的杰出榜样。

史光柱一直喜欢文学，双目失明后，创作诗稿成了他的追求与“享受”，也是他继续生活下去的支柱之一。

深圳大学的校方领导读过史光柱的诗歌后，非常受感动。经过商议他们一致决定，破格录取史光柱为该校中文系学生。捧着录取通知书的那一天，史光柱既喜又忧，喜的是他实现了大学梦；忧的是他是个盲人又只有初中文化，4年内攻下本科，无疑是攀登一座高峰。1986年，史光柱进入深圳大学中文系汉语言文学专业学习。

史光柱在困难面前从不退缩。他毕竟是战场上的英雄，生活的困难压不垮他。

史光柱眼睛看不见，加上战伤使双耳听力下降，他学习起来非常吃力。很多时候，他都是下课后请同学帮助补课或借同学的笔记来“听”。这样日复一日的学习，史光柱从来没有缺过一堂课，没有放弃任何一门功课。

功夫不负有心人，1990年史光柱从深圳大学中文系毕业，毕业考试平均成绩为83.9分，是全系三个优秀生之一。

史光柱以优异成绩完成本科学业，为创作打下了良好的文学功底。他坚持文学创作，在国内外发表诗歌、散文500余篇，作品获全国性文学奖17次。诗集《我恋》获广东省第三届鲁迅文学奖，《背对你投下黑色的河流》获深圳大鹏文学奖，《眼睛》获国家新闻出版总署奋发文学进步图书奖、云南省第二届文艺文学类一等奖。

多年来，史光柱拖着残疾的身躯，坚持参与社会公益活动，先后帮助千余名残疾人重新燃起生活的希望。他曾任成都军区某部副政治委员，曾获“全国自强模范”荣誉称号，并先后荣立一等功1次，二等功3次，三等功2次。

在双目失明的情况下，从军人到诗人，史光柱在痛苦中完成了角色转换。23年来，他克服了常人意想不到的困难，同时靠自己的力量帮助过成百上千人，还创造了当代中国的“五个第一”：中国第一个获得学士学位的军人盲人；第一个演讲超过2500多场次的新中国英雄；中国第一个英模作家；中国人民解放军第一个盲人诗人、作家；第一个对中华民族思想文化有卓越影响的新中国英雄。

做到这一切，源于史光柱强大的内心。从农民的儿子到一位战士再成为英雄，从双目失明的残疾人到大学生再到屡次获奖的作家，史光柱的人生经历非比寻常。在不同人生角色的转换过程中，尽管人们把史光柱形容为“战斗英雄”、“中国的保尔·柯察金”、“优秀的盲人诗人”等等，但史光柱却显得十分淡定。在众多身份定位中，他认为自己只是一名作家，“曾经我是一位英雄，那些流过的血给了我人生深刻的印记，党和人民也给了我荣誉，但那是过去的事。失明后我做的是作家的事，现在的我是一位进行创作、演讲的作家和文化教育工作者”。

这正像史光柱在文章中所写道的：我拄着拐杖，敲打着未知的路面，能敲打未知，来来去去的是春天。春景斩断、殆尽，深埋在心里的根却在时时发芽……

2009年9月10日，在中央宣传部、中央组织部、中央统战部、中央文献研究室、中央党史研究室、民政部、人力资源社会保障部、全国总工会、共青团中央、全国妇联、解放军总政治部等11个部门联合组织的“100位为新中国成立做出突出贡献的英雄模范人物和100位新中国成立以来感动中国人物”评选活动中，史光柱被评为“100位新中国成立以来感动中国人物”之一。

英雄背后的故事

男儿有泪不轻弹，只因没到伤心处。铁骨铮铮的史光柱也曾流过伤心的泪水。

为父亲落泪：那一年，父亲永远离开了史光柱。史光柱的父亲是一名老党员，命运坎坷。父亲也是对史光柱影响最大的人。父亲为人正直，坚持真理，这些都给史光柱的一生都留下深刻影响。

父亲是在史光柱受伤之后不久病逝的。当时，史光柱参加了演讲团，正在全国各地作巡回报告。等他赶回家乡时，父亲已经走了。抚摸着父亲生前用过的床铺、凳子和旱烟袋，史光柱潸然泪下。父亲喜欢喝酒，却因为贫穷喝不起酒。父亲一生没有留下一张照片，这成了史光柱永远的愧疚和遗憾。

为战友落泪：有一次去烈士陵园扫墓，史光柱遇见一位悲痛欲绝的母亲。老人家摩挲着儿子的墓碑，哭得肝肠寸断。史光柱在安慰她的时候，也忍不住流泪了——老人的儿子是史光柱的战友，在老山战役中牺牲。

为自己落泪：只有一次，也是史光柱从军以来唯一的一次为自己哭泣。那场战役后，史光柱住了很久的医院，他在耐心养伤，等待重见光明的时刻。

那天，眼科主任温和地告诉他说："你右眼的瞳孔被炸碎了，左眼的玻璃球体已经流了出来，两只眼睛都保不住了。"当时，正是盛夏时节，史光柱却感到彻骨的寒冷。他傻了一样呆在那里，脑海里一片空白。随后，史光柱蒙在被子里哭了起来。

战友的安慰让史光柱更加难过，无声的哭泣终于变成嚎啕大哭。"自己才 20 岁，人生的道路还很漫长，光明就向我告别了，今后陪伴我的将是茫茫的黑暗。生活还仅仅是开始，多么热爱连队火热的生活啊！多么想在看到五光十色的世界啊！然而这一切都已经离我而去。”这一次，史光柱真正体会到了伤心欲绝的滋味。

史光柱在贫困的农村中长大，他的理想是做一名卓越的军事指挥员，如果他不失明，这个愿望会成为现实。

在受伤之前，史光柱已经入党，并且是全团的模范标兵。然而，双目失明的残酷现实，将他的理想彻底破灭。以后漫长的黑暗中，他无数次地回忆家乡逶迤的山峦、秀美的竹林和像云霞一样的木棉花。那是受伤之前留在他记忆中的颜色，现在只能在回忆里“看到”。

那天从中午到晚上，史光柱一直在流泪，仿佛一生的眼泪都在那一刻流了出来。

那天以后，史光柱再没有为眼睛哭过。眼睛周围和眼底神经密布，每次换药或者手术后他都疼痛难忍。但是，无论伤口多么疼痛，史光柱都没有哭。

出院以后，面对无尽的黑暗，生活的坎坷，史光柱像一位无言的巨人默默承受着，没有在任何人面前表现出痛苦和悲伤。

随着时光的推移，史光柱慢慢习惯了黑暗的世界，但是他不想让别人把他当成盲人来看待。于是，墨镜成了他不离不弃的伙伴，在家里也是如此。

史光柱对当今的许多现象和社会问题都有自己独到的见解，都能侃侃而谈。他关注着共和国的变化和进步，因为这是他和战友们付出鲜血保卫的共和国。

每年大约有三个月的时间，史光柱仍然会回到部队，回到那片怒放着火红木棉花的土地。他会替那些长眠于地下的战友去看望他们的父母。部队需要他，他也需要部队。牺牲的战友是史光柱生命的支撑。在一定的程度上，史光柱认为自己是在替战友们活着，所以，他要活出自己生命的质量。

史光柱一直坚持体育锻炼。他的家是一套复式楼房。顺着深色的木质扶手走上楼梯，左手有一个大约 9 平米的小阳台。在这里，他每天迎着初升的太阳坚持做 40 个俯卧撑和其他一些运动。

有时，史光柱还和朋友们聚在一起下棋、聊天。他最主要的生活方式是读书、写作和看电视。他所谓的“看电视”、“看新闻”和“看体育比赛”，实际上应该是“听电视”“听新闻”和“听体育比赛”。他这样表达绝不是“口误”，而是因为他不太喜欢“听”这个字眼。

身居闹市，却不敢一个人上街。黑暗，对于史光柱而言，是一个永恒的困境。

有一段时间，为了减轻妻子的负担，史光柱自己学习使用煤气和菜刀。但是，油锅烧得太热，极易造成火灾。切菜的时候，史光柱还多次切破手指。他找不到包扎伤口的纱布，鲜血流得到处都是。情急之下，史光柱就把受伤的手指放到水龙头下冲洗，直到止住流血和感觉到钻心的疼痛。其实，每到这时，翻开的伤口都已被水流冲刷得泛白了。然后，他会摸索着擦掉水池里和地板上的血迹。

当史光柱不得不被人照顾的时候，当他意识到自己的生活能力还不及一个孩子的时候，他有着怎样的内心冲突或者软弱？他是大山的儿子，城市对于他本来就是陌生的。在黑暗中生活了将近 20 年,他完全想象不出来城市的巨大变化，想象不出来四通八达的宽阔马路、川流不息的车队、熙熙攘攘的人群以及一栋栋鳞次栉比的高楼大厦是怎样无比壮观的景象。

◎史光柱与妻子合影

父亲的去世和史光柱的受伤，让他的母亲受到了极大刺激，她突然精神失常了。当时，史光柱最小的弟弟只有 9 岁。

史光柱担当起培养弟弟和赡养母亲的重担。从小学直到高中，弟弟的学费都是史光柱负担的。除了精神的疾患之外，母亲还患有风湿、十二指肠溃疡等多种疾病，每一种疾病都是难治之症。史光柱的抚恤金是有限的，稿费也有限，唯一可以节省的只有伙食费。

当时，史光柱正在深圳大学读本科。深圳大学免掉了他的全部学费。每月，史光柱都将 300 元的津贴和地区补贴节省下一半寄给家里。在学校食堂里，史光柱只买最便宜的菜。他给自己规定，每星期只吃一两肉；给妻子晓君规定，每星期可以吃二两肉。妻子比自己的生活水准整整高出一倍，这让他多少有一些宽慰。

妻子美丽贤惠，自始至终都和史光柱同甘共苦。妻子多年的积蓄都被他用光了，他的心中总是满怀歉意。

史光柱念念不忘的，还有养育他的大山、土地、河流以及贫困中的父老乡亲。

在史光柱的努力奔走和敦促下，他的家乡修了一条大路，打破了封闭的环境，还通了电，用上了自来水。这让史光柱感到无比的欣慰。他希望有那么一天，他的家乡人都能过上富足的生活。

史光柱常说："荣誉毕竟是过去，生命的过程始终要有一点特色才行。英雄也有一个再次塑造的问题。"回首这 20 多年来，史光柱没有食言，他所做的一切，再一次为我们树立起了英雄的形象。

全国档案战线的时代楷模——刘义权

刘义权长期在军队档案战线工作，三十八年如一日，忠于职守，无私奉献，精益求精，在平凡的岗位上创造了不平凡的业绩，为军队档案事业做出了突出贡献，不愧为践行当代革命军人核心价值观的先进战士，不愧为全国档案战线的时代楷模，不愧为优秀共产党员。

——胡锦涛

◎刘义权

刘义权，四川德阳人。1968 年 3 月入伍，1970 年 7 月入党，原为解放军档案馆馆员。2008 年 9 月，刘义权被确诊为直肠癌晚期，但他仍以惊人的毅力工作在中美军事档案合作一线，坚决不放弃工作。2009 年 10 月，刘义权同志先进事迹首场报告会在北京人民大会堂举行。胡锦涛批示："向刘义权同志学习"。2010 年 1 月 28 日 19 时 20 分，刘义权在北京病逝。

搜集档案

刘义权生前的《征集接收军事革命历史、现行档案登记表》，上面有几页是这样记载的："1986 年 1 月 9 日到 6 月 30 日，先后到济南、合肥、

◎中国人民解放军档案馆

太原、广州、石家庄、郑州、信阳、哈尔滨等地征集档案 13982 件……”

这组数字看似单调乏味，然而它们是刘义权多年来辛苦的搜集和艰难跋涉所换回来的。几十年来，刘义权北上南下，足迹遍及全国，行程不计其数，把星散各处的解放军历史档案，像燕子衔泥筑窝一样，源源不断地收集到解放军档案馆。

在档案馆技术室，一块块焦黄泛黑的档案，像是冰冷坚硬的砖头一般，这让人联想到历史的厚重，和档案管理人员工作的艰辛。有些档案在地窖里放了几十年，上面有水渍，有血迹，每一页都粘在一起，技术人员必须小心翼翼地一张张分离，哪怕是片纸只字也不能丢。因为这些都是历史的见证，都是刘义权用心血和汗水换回来的。

一次，刘义权为了征集一批红军时期的珍贵档案原件，不辞劳苦地来到陕北一个偏远小城上。当地档案馆设在一间破旧窑洞里，门前蹲着一个陕北老汉抽着烟袋锅子。刘义权弯下腰恭敬地问道：“老哥，请问一下这里的馆长在哪里?”老汉看了他一眼说：“你算问对人了，我就是。”征集完档案后，刘义权不无感慨地说道：“不曾想到如此珍贵的历史档案，竟然存放在这样破旧的窑洞里，也没料到条件如此艰

苦，还是有人默默地守护档案！”

由于战争年代部队常年转战，人人居无定所，解放军有不少具有珍贵价值的历史档案散落于各地，有的档案保存条件较差，有的甚至濒临毁灭。刘义权一生为之奋斗的工作，就是把这些档案尽全力抢救回来。

其中有些档案，满纸腥风血雨。一份红军广昌保卫战的作战部署电报，周恩来在上面写道：“秘密，阅后焚去！！！”连续3个惊叹号，看罢令人惊心，可想而知当时是怎样的一种环境。当时，红军肯定是到了危及存亡的关头，慌乱中连烧文件都来不及。也正因为这样，这份电报才幸存到今天。

据资料馆人员细心统计：长征到最后红军带到陕北的档案材料只有50余斤、约数千件。红一、四方面军没有留下任何文件，就连照片也没有。

解放军档案馆是收藏着新中国成立之前中国军事历史档案和全军撤销单位永久档案的国家级档案馆，并且只此一家，别无分号。刘义权这辈子为了收集档案，每一天都在和时间赛跑，他害怕稍微一放松，就会有几份重要的文件因来不及整理而被遗弃或丢失。

时间紧迫，不容懈怠，刘义权在搜寻文件的途中时常这样敦促自己。在秦岭南坡的陕西省凤县是办公地点最偏僻的一次。那次，刘义权在深山里转了好久，出山后又沿着嘉陵江畔迂回，先后16次跨过汹涌的江面。这段路是有名的“秦蜀天险”，路旁都是直至云端的高山。

1986年，刘义权到南方某地征集档案，费尽周折。天一直在下雨，等了7天，也没能进去，只好回京。时隔几年再去，洪水冲断了路基，还是空手而返。最后，他终于在第4次前往时才有所收获。

1990年，刘义权在福建漳州搜集档案，这是最危险的一次。刚出城就下起大雨，豆大的雨点打在车窗上散成一片水雾，雨刷不停地摆动，司机的眼前还是一片模糊，只好硬着头皮往前开。突然，由于路滑，一个急刹车后车子一下钻到前面一辆卡车下面，差一点就车毁人亡。当时，事故现场乱作一团，刘义权一声不吭地站在一旁，把装满档案的皮包紧紧裹在怀里。

刘义权为了搜寻档案，有一年他连续跑了全国 20 几个省市。在西安，他一住就是几个月，去的时候穿冬衣，回来树都发芽了。此外，他还跑了不少老区，比如太行山、江西、延安、遵义等地。

最令刘义权精神紧张的一次是：2002 年，他到广州收集到一批机密程度比较高的档案，装了 4 个箱子坐火车回京。按携带机要文件的规定，刘义权坐在包厢，可他一夜没有合眼，眼睛直勾勾地盯着这几个箱子。

最让刘义权难受的是有一回去云南昆明收集档案。他在火车上坐了 3 天，为了节省经费，他一直吃方便面就榨菜。患有十二指肠溃疡的他，方便面吃多了胃里会泛酸水，在连续吃了六顿泡面后实在顶不住了，他这才去站台上买了一份盒饭。

因为出差特别多，一些同事就用谐音称刘义权为“溜一圈”，逗他：老刘，这次你又去哪里溜一圈了？老刘摇头苦笑：还溜一圈，所幸没有累死！

刘义权生病后，同事们帮他总结一辈子走过的路途，发现他在长达 20 多年的时间里，跑遍了全国 15 个省市自治区、300 多个县市。

能力越大责任越大

1979 年 5 月，为整理新中国成立前解放军的革命历史档案，军委办公厅下达指令，要求全军选出 50 名优秀干部到河南洛宁后方档案库工作。当时的刘义权正任二炮司令部办公室保密档案科保密员，因工作认真勤恳、专业能力强而被选中参加这次档案整理工作。

此时的刘义权喜忧参半，喜的是能够在自己喜欢、擅长的领域了一展拳脚，为国奉献。忧的是要和新婚两年的妻子分居两地，妻子肯定不乐意，自己也觉得对不住她。后来，经过刘义权的一番劝慰之后，妻子想通了，下决心支持他的工作。临行前，面对妻子的依依不舍，刘义权说："整理档案是大事，幸运的是我喜爱、擅长这份工作，交给别人我不放心。能力越大责任就越大，你喜欢我，不就是喜欢我有责任感吗?"他松开了妻子的手，坐上火车来到了和北京生活条件相差甚远的豫西小城。要在这里工作 15 个月，刘义权并没有觉得委屈和不妥。

档案库房的工作条件十分艰苦。夏日的库房闷热难耐，为数不多的几扇小窗对于散去酷热几乎不起作用，于是库房中的几台电扇就成了"抢手货"。但刘义权主动把本组仅有的一台电扇让给了其他同事，自己则穿着背心短裤，脖子上搭条毛巾，不让一滴汗水弄脏档案。等到了冬天，库房又成了"冰窖"。刘义权的手脚都冻裂了。艰苦的条件没有使他们退缩，刘义权和同事们坚持埋头苦干，顺利完成了上百万份珍贵革命历史档案的分类、甄别、整理和编目工作。

在洛宁期间，刘义权与妻子只能靠书信倾诉思念之情，交流工作体会，互相扶持勉励。后来每每谈起这段经历，他都动情地说："条件虽然苦了些，但却让我与档案结下了不解之缘，也使我和妻子的感情得到了升华，这是我一生中最值得珍惜的一段美好时光。"

刘义权对工作负责，有很强的使命感，他常说："我们的工作是历史赋予我们的责任，是为史学家打前线。历史需要人来记载、见证、保存，这正是我的职责所在。"正是这种使命感、责任感让刘义权找到了"丢掉的红十三军"。

红十三军，是 1930 年 5 月在浙南建立的一支红军部队，曾在敌后坚持斗争两年多后失败。从此，这支部队的历史就成了红军史上一个"丢失的孩子"。有一年，刘义权得知浙江、福建等地市县党史办有 200 余件珍贵的红十三军档案，他兴奋得一夜没合眼，第二天一早急匆匆踏上了南去的列车。到达目的地后，他反复与当地档案部门交涉，在南方的绵绵梅雨季节里苦苦等了 7 天。最终，功夫不负有心人，刘义权征集到了这批档案，从而让这支红军部队迷失的历史真相大白于天下，也填补了军史上的缺口。

据不完全统计，在《建国以来党的若干重大历史问题的决议》等党和军队重要文献起草、党和军队领导人军事文选编纂、党史军史战史研究、军队院校《战略想定库》的编写、《大决战》影片的拍摄、恢复军衔制、国庆大阅兵准备等重要工作的研究论证中，都大量运用了刘义权亲手征集和整理的档案资料。

20世纪80年代，“三峡工程”再次提上党中央、国务院议事日程，成为社会关注的焦点。刘义权配合总部，紧急调阅五六十年代长江三峡水利枢纽防空工程论证方案以及周总理生前关于该工程的指示等12份档案。

对于在战争年代，对于那些同军队走散的军人，档案馆是他们证明自己历史的唯一希望。有一位参加过解放战争、抗美援朝战争的老兵，胳膊上有枪疤，千里迢迢找到档案馆，流着泪给档案员跪下，要求查找他当时所在部队的档案。档案馆答应了，但老人回乡不久，就去世了。刘义权知道这个事情后，很痛心。他没日没夜，拼命收集失散在全国的我军历史档案，情感的源头就在这里。档案浩如烟海，有时却一页难求。刘义权，用毕生心血追寻，用一份份浸满硝烟的历史档案，为我们这些活在世界上的人，打开了通向历史深处的隧道。

据不完全统计，通过刘义权收集整理的档案，军队先后查证了数万名失踪和牺牲烈士的下落。其中一份刘义权搜集到的八路军某部1945年抗日烈士登记表，可见一斑：

战士张振明，28岁，河南滑县人，牺牲日期3月12日，来队一日牺牲。

伙夫杨兴兰，38岁，河南南阳人，牺牲日期3月25日，来队当天牺牲。

通信员石家福，20岁，籍贯不详，牺牲日期3月28日，来队当天牺牲。

伙夫张哑巴，岁数不详，真名不详。4月18日牺牲。备

注一栏中特别注释：哑巴不会说话。

像张哑巴一样的无名烈士，何止千千万万。他们血洒疆场，埋骨青山，没有给我们留下一句话。刘义权就是为了守望历史、呵护历史、追寻历史，让沉默的历史能够开口讲话。

最后的工作

“我的上帝！我的上帝！”翻开印着中国人民解放军档案馆馆徽的文件夹，时任美国国防部长的拉姆斯菲尔德惊呼起来。

2006 年 7 月，军委领导访问美国，从解放军档案馆复制了刘义权参与收集的两份档案资料，作为特殊的礼物，送给了拉姆斯菲尔德。

两份档案，分别记载着两位美国飞行员在中国的背景——一个是二战时期协助中国抗战，跳伞被我抗日东江纵队营救的美国飞行员科尔；一个是 1956 年驾机侵入我舟山群岛上空，被人民空军击落的美军飞行员迪恩。后者，生前是拉姆斯菲尔德的密友。

这一年，中美两国军事档案合作拉开序幕。

2008 年，中美两国国防部就查找朝鲜战争前后美军失踪人员下落开展军事档案合作签署备忘录，双方军事档案合作正式启动。

从人道主义出发，解放军档案馆开始对朝鲜战争前后的数十万件军事档案进普查，协助美方查找朝鲜战争前后失踪人员下落的线索。两军档案合作拉开序幕时，刘义权已经退休。因具有查询军队失踪和牺牲人员档案的经验，2008 年 7 月，刘义权被聘为中美军事档案合作办公室专家成员。刘义权对领导表态：“搜寻美军失踪人员线索，是一项人道主义工作，意义重大，我会有始有终地干好。”

刘义权的任务是对其中 6 万多份志愿军档案逐字逐句地阅读，对有价值的线索进行挑选、标记。或薄如蝉翼，或洇化模糊，或潦草难辨的文字档案，带着难闻的杀虫剂味道，从库房里取出来，摆上了刘义权的办公桌。

刘义权戴着老花镜，拿着放大镜一查就是几个小时，一坐就是半天。不久，他的身体开始出现异状：小腹疼痛，大便带血……

2008年9月，在档案馆领导和同事们一再催促下，刘义权抽出时间到医院检查，被确诊为直肠癌晚期。他揣着检查报告，直接从医院赶到办公室，红着眼圈对领导说："我的时间不多了。任务没完成，我不甘心……"

一周后，刘义权走上手术台。医生发现，癌细胞已经转移到淋巴。

"老刘又回来上班了！"2009年的春节刚过，这个消息震惊了档案馆。馆领导劝他好好保养身体，刘义权说："你们要是真想让我多活几天，就让我工作！"

癌症，足以摧垮一个人的精神，让人处于崩溃的边缘，但是刘义权没有。刘义权惦记手头的工作，化疗未满一个疗程就要去上班。老伴担心他的身体，坚决不同意。刘义权犯了犟驴脾气，冲老伴嚷嚷："不让我工作比死了都难受，如果你不希望我倒下，就让我上班，不要让我离开档案！"老伴只好同意，刘义权当天就去了单位。

在确诊为直肠癌晚期，经过了两次手术、十多次化疗后，刘义权又坚持工作了8个月。

刘义权又在办公室一坐就是一天，他的时间是用秒计算的。他像往常一样抓紧点滴时间查阅档案，一天工作长达7个小时。

2009年3月，刘义权病情恶化，癌细胞向股髋骨转移，需要接受放疗。他每天坚持工作到下午4点半才去医院。就这样边放疗边工作，在刘义权和同事们的辛勤工作和努力下，查找出了近千份有价值的涉美档案信息。

8个月时间里，刘义权强忍病痛折磨，在不断放疗、化疗中坚持完成了5000多件的查阅工作，经他清点标注的档案有41355页之

多。当时，只剩 9000 件没有鉴定完。这 9000 多件未竟的工作，是他时时的牵挂、未了的心愿。他说："查找朝鲜战争期间美军失踪与被俘人员档案线索工作，关系到中美军事外交大局，这么重要的事情可不能耽误在我们手上。"正是刘义权忘我工作和精益求精的精神感召，激励大家共同努力，查找美军失踪人员线索工作才有了重要突破。

2009 年 5 月，解放军档案馆向美方递交了《中美军事档案合作成果文件》。其中，就有很多刘义权查找的重要线索信息。

后来，美国国防部档案代表团访问解放军档案馆，见到了第 6 次化疗后仍在伏案工作的刘义权。听馆长介绍了刘义权的事迹后，美方全体人员肃然起敬，集体鼓掌表达敬意。掌声中，美方代表多娜·克里斯普海军少将强忍住泪水，把一枚证章放在刘义权的手心，敬了一个美式军礼后说："您是一位英雄！"

不求名利，兢兢业业

干了 30 年的档案工作，有着丰富档案征集、接收、整理和鉴定工作经验的刘义权，职称一直是馆员，学历是高中。

凭刘义权的能力和影响，只要主动一点，要评个高职不是什么难事，这一点没有人会怀疑。刘义权早在 1994 年就主笔起草了《中国人民解放军档案馆接收文书档案细则》，参加了全军档案工作达标检查，先后给陆航部等多个立档单位和空政院等多个院校讲过课，在《解放军档案》等刊物发表多篇专业论文等。拥有这样骄人的成就，刘义权想要申请一个高级职称肯定能办到，但是他没有这样做，而是摒去浮华，甘于平淡，一心一意为工作。

20 世纪 80 年代，社会上参加脱产文化补习之风兴起，很多人通过补习都能够获得大专以上文凭，从而取得参评高职的资格。但是刘义权由于工作原因，一年四季大部分时间都奔波在征集档案的路途上，根本没时间参加课程辅导，更别提完成作业了，所以一直没有机会提高学历。

后来，组织上考虑到刘义权能力强、资历深，加之他参加了全军第三期档案干部培训班，有了参评资格，多次督促他写申请、参加技术职称考试和答辩，评任副研究馆员。

刘义权不是不懂得珍惜机会，而是他知道孰轻孰重，职称在他眼里毕竟没有工作重要。那时，为了档案馆的征集工作，他认为丰富馆藏才是迫在眉睫的要事。于是，在此后的一年多时间里，他马不停蹄地跑遍了全国 15 个省、市、自治区。他不仅要在军队系统征集档案，而且还要到地方单位去做工作，任务非常重，工作相当繁忙。后来，他把晋升高职的名额让给了其他同事。

1983 年，刘义权受命为恢复军衔制查找历史档案，仅用一个晚上，他就查出五六十年代军委总部关于编制评定军衔的指示、意见、草案、决议等近 500 份档案。总部的人对他赞不绝口，刘义权却笑着说："我也想尽快戴上军衔啊！"

5 年之后，全军恢复军衔制。刘义权此时已是文职干部，不但没有如愿戴上军衔，连军装也没有穿上。

回忆往事，总参办公厅一位将军深情地说："今天的每一名共和国军人，摸摸肩上的军衔，都应当记住刘义权这个一辈子没有戴过军衔的老兵。"

刘义权，一生立过 1 次三等功、受到 9 次嘉奖，担任过的最高职务是科室组长。直到 55 岁退休，他还是中级职称。刘义权退休生病后，军委、总部首长常来看望他，解放军档案馆颁发给他特等奖"兰台奖"。

刘义权从事档案工作 38 年，直接收集和参与收集的我军历史档案有 83 万份。他忘记了自己的历史，却用毕生默默无闻的奉献，为我们这支军队、这个国家留下了永不消失的记忆！

刘义权办公桌前的一个小盒子里，装着他平时翻阅档案的橡胶指套，已经磨得发黑。桌上，还有一个放大镜、一台统计档案页数的计算器。

虽然做出过很多贡献，得到很多荣誉和肯定，但是刘义权在平时从不张扬，为人低调。他一直当自己是一名平平凡凡的军人。看到表彰他的文件，兄弟档案馆很多人大吃一惊："老刘就是刘义权啊!"他们都知道，解放军档案馆有个整天来收集档案的老刘，电话里整天"老刘老刘"叫得很亲热，却不知道老刘的真实名字。"老刘就像一壶好茶，慢慢品才有味道。"档案馆的许多同事这样评价他。刘义权直到退休都还是中级职称。

人们过去只知道，凡是涉及自身利益的事情，老刘从不争抢，一门心思扑在工作上。现在，人们明白了：别人在写论文、学外语为前途着想的时候，他却把时间都用在了搜集资料的路上。

刘义权于细微之处体现着敬职敬业的精神。他拿档案的时候，从不在桌子上拖，都是直上直下轻拿轻放。一般人喝水杯子是放在办公桌上，但他绝不会这样做，生怕不小心打翻了杯子弄湿档案。

刘义权在翻阅档案、检查破损度的时候，总是带橡胶指套，不在有字迹的地方摸，只在空白处摸。有些档案发干发脆，他咳嗽的时候，一定要站起来，扭过头去，一来怕吹破，二来怕液体溅到档案上面，俨然把档案当做了珍宝。

刘义权的妻子房素说起丈夫时一脸的思念之情："老刘是坐着查档案的，一年下来裤子总是屁股这块先磨破，上衣是胳膊肘这块先磨破，他也没多少衣服，不舍得买。他脾气犟，就知道工作，最后一次住进医院，他嘴里时常念叨：志愿军那批档案，还有9000多件没看完……"

刘义权就是这样一个平凡的军人，他清心寡欲，淡泊名利，在做出了许多不平凡的事情后，依然把自己当成一名普通人。默默无闻30载，兢兢业业不求回报，一直战斗到生命的最后一刻，刘义权真真正正称得上是"鞠躬尽瘁，死而后已"。

人民的好儿子——刘英俊

一个人无论活多长时间，他的死，只要是党的壮丽的共产主义事业，那就是无限光荣的，是有价值的。雷锋能，我也能。

——刘英俊

◎刘英俊

刘英俊，1945 年 4 月 8 日生于吉林省长春市。1962 年 8 月，刘英俊应征入伍，成为某部重炮连 2 班的一名战士。他先后受到营、连嘉奖 6 次。1966 年 3 月 15 日，刘英俊因抢救马蹄下的 6 名儿童被马车轧死，年仅 21 岁。

为国参军

1945 年春天，刘英俊生于长春市东郊八里铺一个破砖窑里。后来，新中国成立了，刘英俊一家才搬到新房子里。

刘英俊刚懂事时，妈妈给他讲这个吃人的社会中，穷人的悲苦和地主老财的狠毒，也讲革命前辈、抗日英雄的故事，并告诉他叔叔是怎样跟着共产党闹革命，为解救穷人英勇战斗，最后英勇牺牲。小英俊听到这里，把眼睛睁得大大的，举起拳头说："我长大了一定要参军，给叔叔报仇！”妈妈说：“好孩子，要记住，共产党、毛主席都是咱们的大救星。要不是他们解放了全中国，咱们不知道什么时候能过上好日子呢。”小英俊似懂非懂，坚定地点点头。

1960 年，刘英俊在东站小学毕业后进入长春市十八中学读书。他上学以后的第一件事就是写“毛主席万岁”这五个大字。他最爱唱的歌是“天上有颗北斗星，地上有个毛泽东……”

有一次，他看到很多同学都穿了新衣服，只有自己的衣服又旧又破，还打了几块补丁，心里有些不高兴。回到家里，他对妈妈说：“妈妈，你看别人都有新衣服，只有我还穿成这样。”

妈妈没说什么，把他领到一个破砖窑旁，严肃地对他说：“这个连腰都直不起来的小破窑，就是咱们以前的家啊。”妈妈继续说：“家？这算是家吗？那时候，有些人连这样的家还没有呢。那年我和你爹从大连跑到这里来做苦工，没有落脚的地方，就住在这里面。妈妈生你的时候，连口热水都喝不上！别说穿好的了，连带补丁的衣服都没有。妈妈穿的衣服，后背都磨破了，补都补不上……”

听着听着，小英俊一头扑在妈妈怀里，哭着说：“妈妈，我错了。”从此以后，小英俊更懂事了。

刘英俊从小养成了艰苦朴素的好习惯，从不浪费，俭省节约。他学习认真刻苦，热心帮助同学，多次被评为优秀少先队员，受到市、区共青团组织的表扬和奖励。

刘英俊在小学读书期间，获得了区少年速滑冠军。他曾捡到金表交还失主，先后受到共青团区委通报表扬和奖励，以及长春市团委授予的优秀少先队员称号。

1962 年，国际上掀起一股反华逆流。17 岁的刘英俊听到消息后非常气愤，坚决要去参军，要拿起枪杆子，保卫祖国。他在申请书中写道：“我是一个独生子，使我感到欣慰地是父母支持我应征入伍，去担负保卫祖国和人民的大任。为了祖国，为了人民，就是牺牲了生命，献出青春，我也感到骄傲和自豪！”

学习雷锋好榜样

刘英俊的从军愿望实现了，他一到部队马上学习先进思想来武装自己的头脑，《为人民服务》、《纪念白求恩》、《雷锋日记》等书籍成了他自省自查、严于律己的依据。

1964年的五一劳动节，刘英俊的妈妈前往部队探望儿子。等来到连队，看到身前这个大小伙子，刘妈妈一时没认出来自己的儿子。刘英俊个子长高了，脸上黑里透红，古铜色的皮肤显得很健康，身体也变得结实了许多。妈妈看到他的变化，高兴得眼睛眯成了一条线。这天晚上，母子俩一直聊到深夜。刘英俊告诉妈妈，部队教会了自己很多东西，懂得了一个人应该怎样去活着，做什么事情有意义。还说张思德死得比泰山还重；作为外国人的白求恩，五十多岁时还跋山涉水来到中国，为了帮助中国人民解放，一点私心都没有。

最后，刘英俊向妈妈表示：“我一定要向他们靠拢，无论是思想境界上，还是实际行动上。我一定做到无私奉献，把一切交给人民！”

妈妈看到儿子是真的长大了，懂事了，很欣慰。她知道自己的儿子现在已经是一个真正有理想、有觉悟、坚强勇敢的军人了，自己再也不需要教导他了。

刘英俊时刻想着为人民服务，他处处关心群众，利用节假日为乡亲们做好事：担水、扫地、背粮、推车、垫路、修井等。凡是对人民有意义的事他都冲在前面。在连队里，他也是个“大忙人”。战友们都说：“刘英俊做的好事，无法用数字来统计！”

一个风雪交加之夜，刘英俊顶着寒风从哨岗上回来，走到马棚时，突然发现马棚窗子上坏了一个大窟窿，呼呼的风雪透过窟窿往马身上落。他顾不得休息，连夜动手，一个人把窗子修好了。回来后，他躺在床上翻来覆去地想：这个窗洞不是今天坏的，为什么我以前没有发现呢？如果再耽搁几天，说不定会把战马冻坏。雷锋同志毫不利己专门利人的精神，表现在他干一行爱一行，对工作的极端负责任。而我呢，却马马虎虎，缺少了这种精神，我应该向雷锋同志看齐，以他为榜样。

刘英俊学雷锋最大的特点就是言行一致，从点滴做起，从身边做起。在连队，他是“业余修理员”。连队的桌椅、门窗坏了，他都主动修好。

在医院住院时，刘英俊是“劳动休养员”，帮助重病号打水、端饭，协助医护人员扫地、刷痰盂。出差途中，他是“义务勤务员”，扶老携幼，急人所难，好事做一路。

在部队驻地，刘英俊是附近小学校的“校外辅导员”，经常给小朋友们上政治课，还用自己的津贴给学校买了许多宣传革命英雄人物的书籍。

刘英俊像雷锋那样闲不住，一有空就为群众做好事。一次，连队驻在农村搞生产，他发现村里有一对年老体弱、生活困难的老夫妇，便在生产之余，每天为老人家挑水、劈柴、整理卫生，临走前还起早贪黑地为老人家挖了个大菜窖。他也像雷锋那样，做好事不留姓名，经常在佳木斯市西区帮助这家买粮，帮助那家挑水，可群众始终不知道他叫什么名字。

寒冬的一天，刘英俊看到居民的水井旁边有一座“小冰山”。那是水滴滴下来冻成的，令人们打水很不方便。到了星期天，刘英俊起了一个大早。天刚亮，他来到水井前，脱下棉衣，抡起镐头，猛烈地刨冰，不一会儿就满头大汗。终于，他把“小冰山”铲平了，还把井台收拾了一遍，垫上了沙子。前来打水的乡亲越来越多，他们都感激地向刘英俊打招呼，问他叫什么名字。刘英俊只是笑笑，拿起棉衣，大步流星地走了。

大雪纷飞的夜晚，寒风彻骨。部队驻地附近的居民王大婶从居委会回来，进门后没有看到自己的两个孩子。这两个孩子大的只有 9 岁，患有小儿麻痹症，走路不方便，小的才 4 岁。这要是迷路了，陷进雪窝里可怎么办？想到这里，王大婶心急如焚，正要喊邻居一起去找孩子时，门突然开了，一个满身是雪的年轻士兵走了进来，他一手抱个 4 岁小孩，一手拉着 9 岁小孩，把两个孩子全送来了。他放下孩子说："大婶，这两个孩子冻得走不动了，蹲在马路上直哭，正好被我看见。我估计这是附近人家的孩子，打听了半天才找到你家。你等急了吧？"

"哎呀，可多亏了你呀！快来烤烤火。"王大婶激动得一时不知说什么好。

"不用了！"这个战士笑着说，然后快步跨出了门槛。

后来，王大婶才打听到，这个战士就是刘英俊。刘英俊就是这样，时刻以雷锋为榜样，全心全意为人民服务。他还把附近英烈军属、五保户、孤寡老人的名字记在笔记本上，一有空闲就去"串门"，帮助他们解决生活困难。人们都夸他是"活着的雷锋"。

英勇救人

1966 年 3 月 15 日，破晓的彩霞托出一轮红日，人们迎来了新的一天。阳光照亮了东北美丽的城市佳木斯，每个屋顶上都披着晶莹发亮的白雪，马路上人群和车辆来来往往，络绎不绝。

几个解放军战士赶着三辆炮车，沿着市郊公路出去训练。刘英俊走在前面，他手牵缰绳，迎着朝阳，呼吸着清新的空气，一脸的朝气蓬勃。

一切都是那么地安详有序，然而这祥和的气氛被一阵马嘶声打破了：三辆炮车走到公交车站时，刘英俊驾驭的那匹拉炮车的辕马被汽笛声惊着了，突然一声嘶叫，猛地掉头往回跑。这时，正是上班、上学的高峰期。惊魂失措的辕马拖着炮车向人群冲过去，情况十分危险。

刘英俊见此情景，大喊一声："快躲开！"纵身一跃扑向受惊的辕马，拉紧了缰绳。但是，辕马受惊后，不顾一切地向公路中间冲去，还躁动地甩动脖子，想要挣脱那双扯着缰绳的手。刘英俊毫不胆怯，他沉住气，瞅住机会，猛地用肩膀扛向马脖子，马头顺势一歪，被迫拐向公路左侧的小道。一场酝酿中的交通事故被化解了。

但是，危险依旧存在，惊马在继续狂奔。在路人的惊叫声中，马也跑得越来越快。刘英俊依然攥着马缰绳，他的身体逐渐失去控制，悬空而起。耳边是呼呼的风声，旁边的事物一闪而过，刘英俊知道此时随时都有翻车的可能。路边的群众目睹这位战士被狂奔的惊马拖着，纷纷追着大喊："快撒手！快撒手！"

听到喊声，刘英俊意识到自己的处境有多么的危险。但是，如果撒手不管，那么这匹惊马将会酿成更大的危险，后果会更加严重。刘英俊没有撒手，而是抓得更紧了。他心想：一定要制服这个畜生，不能让它危害到群众的安全。

忽然，刘英俊吃了一惊：马头的前面，距离炮车不远的路中间，有 6 个一起上学的儿童。他们被突如其来的马吓呆了，站在那里不知如何是好。狂奔的马车风驰电掣地冲向那 6 个孩子。挽救 6 条生命，迫在眉睫！

怎么办？在这千钧一发的时刻，哪里还有深思熟虑的时间。只能拼了！刘英俊咬紧牙关，虎目圆睁，以最快地速度把缰绳在胳膊上缠了几道，全力一拉，马头随之一扭，前蹄腾空而起。在这一瞬间，刘英俊手撑辕杆，伸出双脚，用力向马的后退踢去。

马倒了，车翻了，距离那 6 个儿童只有一米多远的距离。孩子们得救了，刘英俊却被沉重的炮车压在了底下，不省人事。

目睹这一英勇事件的人们一拥而上，抬起刘英俊飞快送往医院进行抢救。

潮水般的人群涌向医院的门口，一会儿工夫就聚集了几百人。人们纷纷拉着医院领导和医生的手，反复地说着：请救救那位战士，我们可以给他输血。

手术室里，医生、护士全力以赴开始了抢救。救护车装载着血浆、氧气、急救药品疾速驶来，各医院派出最好的医生赶来参加战斗。

虽已全力抢救，却没能挽救英雄的生命，刘英俊因伤势过重，光荣牺牲。一个外科医生还在凝视英雄安详的面孔，按着脉搏的手不愿松开，他多么希望英雄的心脏能够重新跳动起来呀！

在手术室外守候的人群不肯离去，很多人都哭了。他们都想知道这位战士的名字。一位大婶告诉大家，这位牺牲的战士叫刘英俊，是大家的亲兄弟！他做的好事数都数不清。

刘英俊牺牲的消息传开后，每天都有很多人前来吊唁。他们是刘英俊生前帮助过的战友、学生、军属、孤寡老人……每个人都依依不舍地向英雄告别。

佳木斯市人民召开了隆重的追悼大会，并要求把烈士遗体安葬在佳木斯。追悼会的代表对英雄的妈妈朱秀兰说：“伟大的母亲，您的好儿子为救我们而牺牲了，请您让他留在佳木斯，永远让我们守候着他吧！”

人民子弟兵刘英俊的事迹传遍了神州大地，千千万万个青少年都

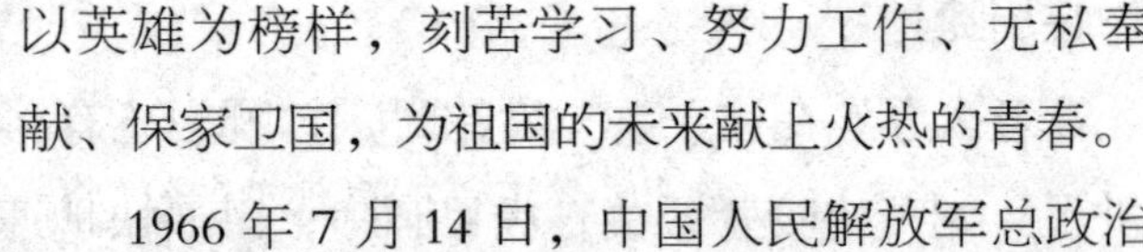
以英雄为榜样，刻苦学习、努力工作、无私奉献、保家卫国，为祖国的未来献上火热的青春。

1966 年 7 月 14 日，中国人民解放军总政治部号召全军向刘英俊学习。同年 7 月 28 日，《人民日报》发表题为《人民的好儿子》的社论，把学习活动推向全国。

为了永久纪念，吉林省将刘英俊的家乡改名为“长春市二道河子区英俊乡”。佳木斯市市委为纪念“人民的好儿子”刘英俊烈士牺牲 30 周年，在烈士牺牲地建立爱国主义教育基地，为刘英俊重塑雕像。

◎刘英俊雕像

钢铁战士——麦贤得

只要是我的气还是喘着，我一定斗争下去，决不在敌人面前屈服。

——麦贤得

◎麦贤得

麦贤得，广东省饶平县人，1945 年出生在一个渔民家庭。他于 1963 年入伍。1965 年 8 月 6 日，在解放军击沉蒋舰“剑门号”和“章江号”的战斗中，麦贤得头部负重伤。他苏醒过来以后，继续坚守岗位，积极检修机器确保轮机正常运转，顽强地坚持战斗达三个多小时，对保证战斗胜利做出了重大贡献，充分体现了无产阶级战士的硬骨头精神，被国防部授予“战斗英雄”的称号。

先进事迹

麦贤得在学校读书期间曾多次被评为“三好”学生，入伍前连续两年被评为“五好”民兵。不管是当学生还是当民兵，为了集体利益，他总是敢闯敢干，勇于承担重任。有了困难，他总是第一个冲在前面，把集体利益放在首位，从不计较个人得失。

有一回，当时刚上小学三年级的麦贤得帮公社送秧苗。他冒着大风大雨，来回踏着没过膝盖的雨水，还要避开水里到处都是的水蛇，连续两个钟头没有歇息，把秧苗送到了每家每户。

当民兵时，有一个晚上突然下起了大暴雨，再加上洪水泛滥，村里马上变成了一片汪洋。想到粮仓很可能被淹，麦贤得趟着齐胸的水，向粮仓挪去。这时正好漂来一艘木船，他搭上了船，找来一把铁锹当成船桨，快速地向被淹的公社粮仓划去。麦贤得仅凭一人之力，从仓里抢救出三千多斤粮食来。后来，在盐田受到潮水威胁的紧急时刻，麦贤得又和渔民一起，奋不顾身地投入堵堤坝的战斗中。

1964 年 3 月，麦贤得加入中国人民解放军海军，任海军某艇机电兵。他的文化底子薄，就下定决心学习文化知识。每天天一亮，在没开始早训之前，他就钻出被窝，开始看书。晚上关灯之前，他又挤出时间来看书学习。很快，他的文化底子有了较大改观。接下来，麦贤得开始勤奋钻研电机专业，放弃了每个午休时间和节假日。

为了安静思考，不被人打扰，麦贤得经常一个人躲在山顶上，一待就是半天。他拼命地记呀、背呀，对生疏的术语、复杂的原理、无尽的数据，一定要一个个地去弄懂，否则就会吃不好睡不好。

经过不到半年的努力，麦贤得不仅掌握了专业技术，还成为了整个连队技术过硬、成绩优秀的标兵。他还如饥似渴学习政治理论，反复学习毛泽东的《为人民服务》等著作，以黄继光、董存瑞、雷锋为学习榜样，严格要求自己，思想觉悟和政治理论水平提高得很快。

在军事训练中，麦贤得同样严格要求自己。参军一年以上的老兵都有一项特殊训练，在无照明条件下转油柜。油柜是海军使用的一种移动式储油容器，供舰艇部队的油库在港湾及岛岸储存、转运和送补油料。进出油孔位于罐顶中部，罐体两侧有避碰护木，罐顶两边焊有安全扶手，可利用拖船（艇）上的机动泵或手摇泵连接输油软管为舰艇加油。

这项训练对新战士不做要求，但麦贤得却坚决要求参加。老同志在练，他就跟着看、用心学。久而久之，麦贤得从一个门外汉，变成了一个转油柜的高手，他还经常请老同志出难题考验自己，练就了一套过硬的本领。

由于专业技能过硬，思想纯洁，麦贤得于参军的同年 8 月加入中国共产主义青年团，于 1965 年加入中国共产党。

硬骨头战士

1987 年夏天，某地机场安检门截住了一名中年军人，原因是身上携带金属物品。随后，中年军人掏出了身上一切金属的东西，报警器还是响个不停。一名执勤人员认出了他："原来是老英雄！这位军人脑部残留了弹片，故而引起了报警器的呼叫。"在场的人们把他团团围住，向他致以崇高的敬意。这位军人就是麦贤得。

1965 年 8 月 6 日，解放军水警舰艇队在福建东山岛海域同国民党海军展开战斗。当时台湾方面出动的是大型猎潜舰"剑门号"和小型猎潜舰"漳江号"。两艘军舰由台湾左营港出航，于当日傍晚驶至福建省东山岛东南兄弟屿海域，企图向大陆输送特务。大陆方面只有 4 艘小型护卫艇和 11 艘小型鱼雷艇。

夜海茫茫，渔火点点，就在这时，美制蒋舰"剑门号"和"章江号"贼头贼脑地闯进了东山岛附近的渔场。5 日晚上 11 时 13 分，中国人民解放军派遣 4 艘护卫艇和 6 艘鱼雷艇出击。6 日 1 时 42 分战斗开始了。随着指导员下达作战命令，麦贤得拉动操作杆，炮舰挺起了胸膛，乘风破浪向前冲去。

麦贤得驾驶的护卫舰像一把利剑，奋勇地插向敌阵，把敌人的双艇编队，一下子分割成两艘孤舰。国民党海军的“章江号”被一串串愤怒的炮弹准确地击中，转眼之间燃起了熊熊烈火。

战斗进行得最激烈之时，麦贤得所在的611号护卫艇被敌人的炮弹击中，3部主机受损，机电兵非死即伤，护卫艇无法行驶。作为轮机兵的麦贤得马上过去启动机器。刚走到舱门，一枚炮弹袭来，击中了甲板，一块弹片打进了麦贤得的右额头，斜插到左侧靠近太阳穴的额叶里，脑组织液和着血水流了出来，他随即倒在地上，失去了知觉。

机器故障的声音，炮弹的爆炸声，海水的拍击声，不断进入麦贤得的耳朵里，此时他头上已经扎上了绷带，副指导员正在看着他：“醒了就好，你先靠在这里休息一下，等一会卫生员会把你抬走。”这时，麦贤得已经丧失了说话的能力，他用右手指着机器，左手推开了副指导员，意思是：你不用管我，最重要的是把机器修好，个人的安危先不考虑。

没过多久，船舱开始进水，情况十分紧急。麦贤得咬着舌头，让自己保持清醒，先爬了一段距离，然后扶着机器站了起来。这时，他额上流下来的血粘住了眼角和睫毛，眼睛已经无法睁开，但是麦贤得平时练就的“夜老虎”功夫现在派上了用场。在摇晃的船舱里，用手摸索着每一台机器，每个管路、每个阀门、甚至一颗螺丝钉他都不放过。

时间一分一秒地过去了，血越流越多，麦贤得的脚步虚浮了，动作迟钝了。但是，他战斗的意志仍然十分坚强。就是在这种情况下，他居然能从几十条管路、上百个螺丝里检查出一个只有拇指大小被震松了的螺丝，又居然能够用扳手把螺丝拧紧，保证了机器正常运转。

麦贤得忍着剧痛，打起十二分的精神，坚持维修了3个小时，直到战斗胜利，歼灭了敌人的“漳江号”和“剑门号”。

在被抬上担架之前，麦贤得一直保持清醒没让自己昏过去。这一仗让麦贤得一举成名——“硬骨头战士麦贤得”，成了全国人民学习的榜样。

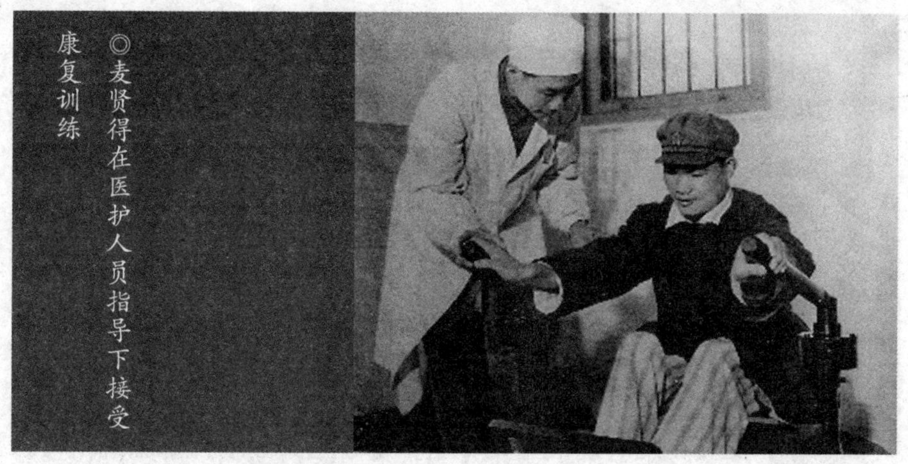

◎麦贤得在医护人员指导下接受康复训练

直插脑门的炮弹片严重伤害了麦贤得的脑神经。周恩来总理亲自安排专用飞机，将麦贤得在内的 4 名重伤员转入广州军区总医院，并组织全国一流的脑外科专家会诊，指示一定要把麦贤得治好。

手术进行了整整 8 个小时，医生在麦贤得的脑中取出了长 7 厘米的弹片，虽然捡回条命，但是麦贤得丢失了一部分记忆。

为了能使右手完全摆脱麻痹状态，麦贤得艰难地顺着横杆一格一格往上爬，累得满头大汗，仍然咬牙坚持锻炼。右手不能写字，他就坚持用左手写，还学习书法和绘画。刚能走路，他就自己扶墙上厕所，再不需要护士的搀扶。在坚强的意志力作用下，麦贤得受损的身体恢复得很快，没过多久，麦贤得就康复出院了。

1966 年 2 月 4 日，中国共产主义青年团中央委员会授予麦贤得“模范共青团员”称号。同年 2 月 23 日，中华人民共和国国防部授予他“战斗英雄”称号。人民解放军海军授予 611 号护卫艇以“海上英雄艇”称号。

麦贤得的脑神经受伤，但他以顽强的毅力，继续为新时期人民军队的革命化、现代化、正规化建设做着贡献。他任海军汕头水警区副司令员，先后于 1987 年和 2007 年获得表彰，并出席当年全军英雄模范代表会议。

再铸光辉形象

北京的军事博物馆珍藏着两块弹片，这是当年从麦贤得头部取出的弹片。这些弹片造成的后遗症一直伴随着麦贤得。除了损伤语言功能和记忆力之外，一度造成右半边身子完全瘫痪，每天还必须服用大量安定药片来控制情绪。

麦贤得的胸部还有一块弹片没取出来，脑部还有两个米粒大的弹片没取净。麦贤得当时能活下来，是一个连世界医学界都感到不可思议的奇迹。

麦贤得康复后，时刻不忘回报党和人民。他曾担任几所学校的校外辅导员，不辞辛苦地到学校对青少年做爱国主义教育。他也常应邀到部队讲述战斗经历，弘扬革命优良传统。同时，他心怀部队建设，经常到桑浦山某部去参观、关心连队、慰问士兵。这些事情成了他日常生活的写照，也充实了他每一天的生活。

麦贤得不善言辞，不会讲什么大道理，他经常说的几句话就是“为党、为祖国、为人民”，“为人民服务”，“人，要好要坏是靠自己”。这些是他受伤前接受的教育，也成为他的人生观，就算受伤后脑部的部分功能受到影响，有一部分记忆被抹去了，但这些道理已经在他心里扎根，并以此付出实际行动。小到惩治市井小贩的欺诈行为，大到关心部队建设，麦贤得始终心怀国家、心怀人民。

麦贤得的身体虽然恢复得很好，但是有些伤是永久性的，比如神经麻木，还有语言功能至今仍没能完全恢复。十几粒不同种类的小药片被装在一个小密封袋里，这只是麦贤得一次的药量。麦贤得常年吃下去的药，打个比方说，药片多得需要用一节火车皮来装。

麦贤得的名字早就家喻户晓，想利用战斗英雄的“名人效应”，为自己的产品做广告的商家不在少数，但麦贤得从未接过任何广告。麦

贤得一天要吃十几种药，不少药品企业都找他，给好处请麦贤得为他们代言产品。一些茶商知道麦贤得喜欢喝茶，也找上门来，请他为茶做广告。对此，麦贤得一一回绝。

在很长一段时间里，麦贤得一直服用汕头市某制药厂生产的健脑药丸，记忆功能有所恢复，过去时常发作的癫痫明显得到了控制。鉴于麦贤得的声望和影响力，该厂便找麦贤得，重金聘请他为该药丸做一例电视广告。麦贤得说："这种药丸在我身上的疗效固然不错，但这只是个例，不一定在别人身上也能起到同样的效果。因我是战斗致伤，病例特殊，目前社会上绝大多数癫痫都是由病理及生理因素导致的，所以我不能为你们做宣传。"

有一次，某公司带着摄影设备找到麦贤得的家里，想到他家里拍摄广告，麦贤得差点跟他们"翻脸"，把他们都轰了出去。在麦贤得看来，拿党和人民给予的荣誉去谋私利，就是给党和军队抹黑。"我的生命是党和人民给我的，我必须为国家为党为人民做有益的事，而绝对不能把'战斗英雄'称号作为资本，谋求私利。"麦贤得坚决地说。

不久，又有一家中外合资制药厂找到麦贤得，开出的条件非常优厚：如麦贤得能为此药在电视或报纸上美言几句，他们除了长年免费供药外，还可付麦贤得一笔可观的酬金。同样的，这也被麦贤得拒绝了。麦贤得在金钱面前毫不动摇，他始终把握住一点，认为荣誉是党和人民给的，他的名字和形象就是荣誉和影响，他个人无权随意使用。麦贤得说过："如拿着党和人民给予的荣誉去换取金钱，就等于叛变和堕落。"

麦贤得克服种种困难，一边治疗，一边工作。他经常不辞辛苦，应邀到部队讲战斗经历，做革命优良传统教育工作。40 余年来，"钢铁战士"麦贤得的故事在华夏大地上广为传颂，小学课本选用了他的事迹，激励过整整一代人。

2009 年 9 月 14 日，麦贤得被评为"100 位对中国成立以来感动中国人数"之一。

军中英模——苏宁

以苏宁同志为榜样，献身国防现代化事业。

——江泽民

◎苏宁

苏宁，1953年生，山西省孝义市人。1962年2月应征入伍，1973年3月加入中国共产党。历任班长、排长、连长、作训参谋、作训股长、营长、炮兵团参谋长等职，中校军衔。苏宁先后受嘉奖5次，立三等功1次。在一次实弹投掷训练中，他为了救两名战士而牺牲，年仅37岁。

投身国防科研

作为一名军人，苏宁深深地感到，在当今世界上，没有国防现代化，一个国家就没有真正的安全。他曾经说过这样一句话："当你看到外军的指挥系统一秒钟处理几万个数据，高指挥水平，而我军的指挥员们还用铅笔在地图上圈圈点点时，作为中国军人，你能不着急吗?"

苏宁给自己立下了一个目标：为国防现代化建功立业，力争做一名优秀军官指挥员。他用艰苦的奋斗、不懈的努力实现了这一誓言。

冬季的黑龙江冰天雪地。苏宁野营拉练回来，一直想着一个问题，就是冬季拉练的取暖问题。士兵们拉练时都是打雪洞过夜，早上起来，一个个眉毛上都挂着霜，像白胡子老头，有些战士还冻坏了手脚。为了解决这个问题，苏宁想发明了一种野营用的帐篷。

经过查阅资料，苏宁很快画了一个“多功能帐篷”的设计图。这种帐篷功能多，能保温，体积小，拆装方便。

苏宁的岳父岳母都来帮忙，家里成了他的实验工厂。苏宁找来一些铁棍和三角铁，焊成支架。没有帆布，就把家里的旧床单拿来代替。可是他不会蹬缝纫机，岳母就主动请缨，帮他缝制帐篷。

制作帐篷，工作量大，不像做衣服那样容易，苏宁的岳母一干就是一身汗。他看着有些过意不去，要给岳母钱，岳母不高兴地说：“我又不是你雇来干活的，你给我钱干吗？你再这样我可要生气了。”

篷布缝好了，苏宁要到院子里去支，岳父说：“就在屋里吧，咱爷俩一起把帐篷支起来，外面地上太乱，不方便。”

苏宁经过反复研究、修改后，一顶冬季用的多用帐篷缝制成功了。

部队又要野营了，苏宁决定拿着帐篷到野外试试。只用了 1 分钟，三个士兵就把帐篷支了起来。帐篷外的温度是零下 30 度，帐篷里却是零上 20 度，最高时达到 27 度，携带也方便，可以罩在汽车上，随时用随时可以取下来。野营帐篷的发明，解决了野营行军取暖的问题。经受住了试用阶段的考验，苏宁研制的多用帐篷能投入使用了。这种帐篷被命名为“90 式多用野战帐篷”。

苏宁爱发明东西。当战士的时候，没有计算器，苏宁就用几块塑料板刻上密位，制成计算盘，体积小，可以揣在口袋里，使用很方便，很受战士们欢迎。

作为炮兵，必须准确地捕捉炸点。如果不能及时、准确地捕捉炸点，指挥员就无法根据炸点进行射击修正，就不能对目标实施有效的射击。当时，炮兵指挥员使用的方向盘视界小，常常抓不到炸点。为了解决这一难题，苏宁找来一根木棍，用刀刮光，又找来一根短棍，在上面安上一些小齿，齿与齿之间用刀刻下密位分甸，再把带齿的短棍固定在那根长棍上。这个类似耙子的东西，苏宁称作“射击捕捉器”。

别看这个射击捕捉器简单，射击时可以准确抓住炸点，并且能迅速、精确地修正偏差，很受战士们的欢迎。苏宁在捕捉器的横棍上安上小灯泡，夜间训练的问题也解决了。

为了把计算机引入作战决策系统，苏宁经过3年时间的艰苦努力，终于完成了《摩步师攻防作战计算机辅助决策系统》的设计方案，受到了上级重视。

当时，微机刚刚起步，整个哈尔滨市只有几家大学和科研机构才有微机。苏宁入伍前初中都没毕业，可想而知研究的难度有多大。他的兜里面总是揣着小纸片，有了新的灵感就及时捕捉住。他的床上、桌子上常常摆满各种书籍，跑大学、跑研究所，多方学习，就连妻子的书信背面也写满了计算公式。他常常钻研到深夜，废寝忘食，就连他爱人生小孩，患乳腺炎住院手术，也是让妹妹替他去照顾的。苏宁把科研工作摆在了第一位，为了实现早日国防现代化，他一丝不苟、兢兢业业。

苏宁注意到炮弹的初速测试很重要，如果测不准，就会影响射击的精度，还会浪费炮弹，贻误战机。苏宁和哈尔滨工大的韩教授决定研制激光测速系统，用激光测试炮弹的初速。

冬天，苏宁顶着朔风，踏着积雪，一次又一次乘公共汽车到哈尔滨工业大学。有时，韩教授不在，苏宁来不及回去吃午饭，就掏出面包吃几口。他还买了许多书，学习有关激光的知识。经过艰苦努力，课题组进行了3次实弹射击和5次枪代炮实验，掌握了大量的第一手资料。这项研究快要成功的时候，却传来了苏宁的死讯。课题组经过讨论，决定用苏宁的名字命名这次科研成果。

苏宁的一生无私地献给了国防现代化建设，他的生命没有结束，而是随着我国炮兵部队的发展而一直延续下去。

为国防现代化而刻苦学习

为了能早日实现国防现代化建设，从入伍那天起，苏宁就开始刻苦学习，在军队的22年里，他从来没有停止过学习，成为了部队官兵效仿的楷模。

那时，苏宁是炮兵连长，司令部要组织炮兵业务考试，他经常把学习任务带回家。周六晚饭过后，妻子武庆华正要看电视，苏宁从军用挎包里掏出一叠复习题，硬是要让妻子考考他。

苏宁虽然初中毕业，但是赶上文化大革命经常停课，搞阶级斗争，根本没时间学习。在妻子武庆华眼里，苏宁顶多是小学水平。哪知道武庆华一考苏宁，吃了一惊，想不到苏宁对炮兵业务是那么熟悉，抛物线、射程、弹道、初速度等等，苏宁对答如流，反而是武庆华这个大学毕业生好多都不懂。武庆华摇摇头，自叹不如，开始对苏宁刮目相看。

冰冻三尺非一日之寒，苏宁当士兵时就养成了良好的学习习惯。

一天晚上，熄灯号刚刚响过，炮团营房里所有战士宿舍的灯光都熄灭了。连长循例来查房，当他走到苏宁的床铺前时，发现苏宁蒙着被睡觉。连长轻轻揭开苏宁的被子，一束亮光从苏宁的被窝里照射出来。原来，苏宁没有睡，在被窝里打着手电看书、做作业。

苏宁头上布满了汗珠，背心都湿透了。连长没有批评苏宁，只是心疼地说："苏宁，窝着看书对眼睛不好，早点睡觉，明天还有任务呢!"

苏宁冲连长笑了笑，说："连长，这是我给自己立的规定，今天的作业，必须今天完成，要不，睡觉也不踏实。"

苏宁学习非常刻苦，今天的作业，白天没时间做完，为了不影响别人休息，苏宁就闷在被窝里打着手电写作业。连长没有强迫苏宁关掉手电，只是说："抓紧时间，早点休息。"

星期天苏宁也不休息，别人打扑克也不参加。久而久之，根据学习心得，他创造了“四勤”的学习方法。“四勤”就是勤动脑、勤阅读、勤求教、勤动笔。

勤动脑。苏宁在部队22年，搞了许多发明创造，就是他勤动脑的结果。苏宁从来不死记硬背，总是开动脑筋结合实际。

勤阅读。利用一切可利用的时间去读书，使苏宁的知识面变得很广。他不仅钻研军事科学知识，也努力学习政治、文学、历史，甚至还涉及医学知识。

苏宁对文学艺术也很感兴趣。他和妻子武庆华经常谈论文学、戏剧、电影方面的知识。像普希金、果戈理、大仲马、海明威、高尔基、鲁迅，这些大作家的著作他都曾一一涉猎。为了提高自己的艺术修养，他还经常欣赏世界著名音乐巨匠的作品。

苏宁可谓是敏而好学，只要是认为对自己有用的知识他都不放过。妻子武庆华是个医生，苏宁经常向和她请教医学方面的知识，什么血液循环、病毒感染、战地救护，他都要学。中外医学史上的一些著名人物如李时珍、华佗、扁鹊、南丁格尔等人的故事和经典医学案例，苏宁也是倾心拜读。

勤求教。对于不懂的地方，苏宁总是虚心求教，到处拜师。那一年在政治干部进修学院学习的时候，他于一个炎热的下午，冒着烈日去拜访解放军科技大学教授防庆华。酷热难耐的天气使得苏宁浑身几乎湿透了，汗水不停地从皮肤上渗出。为了表示敬意，苏宁并没脱下军装，还把风纪扣全都扣上了。

苏宁见到防教授后正式地敬了一个军礼，说：“您一定是防教授了，实在不好意思，打搅到您的午休了。我是长沙政治干部进修学院的学员苏宁，有几个疑问想向您请教。”

苏宁当时正在研究军事运筹学，有些高深的理论没有理解，这次特来请教这位军事运筹学会的秘书长。防教授非常高兴。作为学者，他尤其喜欢像苏宁这样好学、勤问的年青人。五个小时过去了，两个人谈得越来越投机，等到日薄西山，苏宁提出告辞时，防教授已然舍不得让苏宁离去了。在防教授的帮助下，经过多次的深入探讨，苏宁连续发表了两篇高水平的运筹学论文，很多专家看后非常惊讶，不相信这是出自一名军人的手中。

平时，苏宁军务繁忙，但只要一有空闲，他就会学习钻研怎样建设国防现代化，为此他付出了许多心血，熬白了很多头发。他写的有关国防现代化的不少论文，都得到了上级领导的肯定和赞誉。苏宁创造的"四勤"学习法，也成为部队官兵提高文化素质的方法论。

战士的知心朋友

苏宁是炮兵团的参谋长，可他并不以领导的身份自居。苏宁对新兵谦和友善，嘘寒问暖，处处关心战士们生活情况。

有一次，苏宁在路边等公交车，看见战士小刘面容焦急地来回走着。原来小刘把钱弄丢了，连坐车的钱都没有了，他们的驻地离哈尔滨好几十里地，没有钱怎么坐公共汽车？小刘心想：走回去吧，那么远，得什么时候才能走到啊。一时之间，他没了主意。正在小刘为难的时候，苏宁走过来了。

小刘想躲开，可是来不及了。早晨，全团集合时检查军容军纪，因为小刘的头发太长了，苏宁批评了他。

苏宁走过来问他："小刘，你在这儿干什么？"

"我要回部队。"小刘答道。

苏宁关切地说："我看你脸色不好，有什么事吗？"

"没什么事情，我只是……"

"不对，你一定有事。平时你见人就笑，不是这副愁眉苦脸的样子。有什么事？快说！”

小刘不得不实说了。苏宁一听，笑了，说：“怎么样？我看出你像有事，你的眼睛瞒不过我。”

苏宁说着，从兜里掏出2元钱给小刘：“拿着，够你买车票了。”

小刘接过钱，向苏宁敬了个军礼，感激地说：“谢谢苏参谋长，您真是雪中送炭啊！”

苏宁笑着说道：“以后要再遇到难事就说出来，不要怕麻烦我，我一直把你们这些兵蛋子当成亲弟弟看待的。”

有一年寒冬，黑龙江气温很低，到处都被白雪覆盖，西伯利亚的寒流又来了，部队要搞军事演习指挥所安扎在一个村庄里，战士们都在雪地里露宿。

作为团参谋长的苏宁可以住在老乡家里，战士们也不会有什么意见。可是，苏宁惦记着战士们，没有搞特殊，他把有炭火可烤的房间给了抵抗力差的战士睡，自己则和其他战士睡在一起，到野外住雪洞。

躺在雪洞里如同躺在冰窖里，战士们都有些发怵。苏宁看出来大家的情绪，笑着说：“怎么，害怕了？今天晚上，我和大家一起住雪洞。”

苏宁紧挨着洞口，一边铺褥子，一边说：“同志们，这是考验意志力的时候，耐不住寒冷，受不了炎热，也就不能把自己锻炼成合格的战士。大家快睡吧，我到其他连队去看看。”

苏宁到各连队看了看，回到住处发现战士小徐睡到了门口，他的行李被挪到了里边。苏宁心头一热，非常感激战友们的关怀。可是，他怎么能忍心让小徐睡在洞口。他蹲下身，轻轻地拍着小徐的被角，说：“小徐，你怎么把我的位置占了，快回到里面去，今晚这么好的月光，只有在洞口能看到，你可不能妨碍我赏月啊。”

小徐知道参谋长的用意，他蒙着被子装作没听见，还打着呼噜，一副熟睡的样子，不管苏宁怎么叫，他就是不动。

最后，没办法，苏宁只好一把抱住小徐，把他赶到了里面，洞口的位置到底是让苏宁“占领”了。

苏宁关心战士的事例很多。他与战士情同手足，把战士当成自己的亲人对待，他生前曾3次冒着生命危险保护战友，直到最后一次牺牲。

舍身救战友

电影《炮兵少校》说的就是苏宁的事迹，苏宁牺牲时正担任某炮团少校参谋长。

在哈尔滨，提起“柞树林”这个地方，人们就会想到苏宁、想到苏宁团，因为英雄苏宁就在那里工作、在那里牺牲。

1991年4月20日和21日上午，是苏宁作为健全的人活在世界上的最后时刻。4月20日晚上10点多钟，苏宁推开了参谋王琦的宿舍。王琦起身相迎，说：“参谋长，你还没睡呀？”

苏宁点了点头，说：“王参谋，明天进行手榴弹实弹投掷考核，你把各连的投掷顺序安排一下。”

王琦说：“投掷顺序我已经安排好了。参谋长，明天考核还是我去吧。”

苏宁回答说：“还是我亲自去比较放心，实弹投掷危险性大。去年实弹投掷的时候，就出了两枚哑弹，是我引爆的。只要搞实弹投掷就有危险性，我必须去，不然我心里不踏实。”

说到这儿，苏宁坐到了王琦的床头，发现床上放着一本书，书名是《武经七书注释》，便拿起来翻看。当他翻到《尉缭子84》这一页时，留心看起来。其中有一段话吸引了苏宁的眼球，原文是：“兵有五致，身将忘家，逾跟忘亲，指敌忘身，必死则生，急胜为下。百人破刃，温敌乱阵。千人破刃，擒敌杀将。万人破刃，横行天下。”这句话翻译成白话文就是：“对军队有五条要求，受命为将要忘家，出国作战要忘掉父母，临阵杀敌要忘掉自己，只有抱必死的决心，才可以求得生存，急于求胜是不好的。百人死战，就可以摧毁敌阵。千人死战，就可以擒敌杀将，万人死战，就可以横行天下！”

看到这里，苏宁连声叫好，很有感慨地对王琦说：“古人能做到这些，真是难能可贵，我们当代的军人，恐怕有些人都做不到。”说完，他把书放回了床头。

4 月 21 日清晨，天气晴朗，远远望去草地一片青绿，微风吹动着柳树的嫩枝，苏宁感到心旷神怡。一阵清脆的哨声响起，大家集合，苏宁带领炮团机关的干部来到越野考核的场地。

投弹开始了。苏宁投了第一弹，给官兵们做示范。然后，按照顺序，一个连一个连地投掷，进行得很顺利。

阳光并不刺眼，非常柔和地洒在每个战士身上，训练场上不时传出阵阵爆炸声。当轮到十二连投掷时，意外的情况发生了。一名战士由于挥臂过猛，手榴弹失去了准头，弹体碰撞到堑壕的后沿，最后落在不到一米外的监护员脚后。

苏宁看到手榴弹冒着白烟，根据经验，在 3.5 秒后手榴弹就会爆炸。苏宁来不及多想，大喊一声“快卧倒!”一个箭步冲过去，推开监护员的同时，一只手抓起冒烟的手榴弹，就在扔出去的一刹那，手榴弹爆炸了。一声巨响，只见苏宁在地上滚了几下不动了。两名战友没有受伤，而苏宁浑身已被熏黑，重伤在地，奄奄一息。大家用最快的速度把苏宁送到市医院抢救。

苏宁的双手被炸断，脑子被震坏，脑细胞完全死亡。经过 9 天 8 夜的抢救，1991 年 4 月 29 日下午 6 点 8 分，苏宁的心脏停止了跳动。苏宁用生命实践了他“唯有军人是用鲜血和生命为祖国服务”的誓言。

苏宁在短短的 37 年人生道路上追求的目标是：全心全意为人民服务，努力为国防现代化建设献身。他用行动实现了自己的理想。

侦察英雄——杨育才

敬爱的毛主席，敬爱的金日成首相，敬爱的祖国人民和朝鲜人民，我们绝不辜负你们的希望，为了世界人民的解放，我们坚决捣毁伪团部，不消灭敌人，决不下火线。

——杨育才

◎杨育才

杨育才，1926年生，陕西汧县人，中国人民志愿军一级战斗英雄。1949年参军，1951年6月参加中国人民志愿军入朝作战。他作战机智英勇，被称为“大力士”、“飞毛腿”、“小诸葛”。在1953年金城战役中率侦察排消灭敌军精锐“白虎团”，获朝鲜“金星奖章”、“一级国旗勋章”。

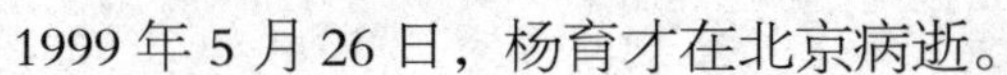
1999年5月26日，杨育才在北京病逝。

贫穷少年多壮志

1926年，杨育才出生在陕西汧县的一个穷苦农民家庭。他家里一共有9口人，住在三间老房子里，家里养了6只羊、一头毛驴，租种了地主16亩地。

全家老小基本靠种地为生，没有副业。那个年代，生产工具落后，种地全靠体力劳动。如果风调雨顺，没有灾荒、兵荒，杨育才一家一年下来能收 1800 斤粮食，除去交公粮和还地租外，剩下不到一千斤粮食。

粮食不够吃，杨育才打小就经常饿肚子，冬天不干活全家只能喝稀饭充饥。一年有三四个月家里“青黄不接”。每年都是春天借粮秋天还租，每到打秋场时，杨育才还没尝到丰收的喜悦，地主就把上好的粮食拿走抵债了。

杨育才记得很清楚，10 岁那年，夏季遭受暴雨，连着秋季又下了好几场，冬天又遭暴雪灾害。家里的房屋倒塌，地里庄稼损失惨重。全家都得了伤寒病，生活到了贫困交加的境地。杨育才的父亲实在没办法，只好向地主借了高利贷。以后，年年收成都还了地主，可是不仅高利贷没还够，利息还越滚越多，生活陷入绝望。常年的体力劳作、吃不饱、穿不暖，几年下来，沉重的生活把一家人拖垮了，本来的九口人最后剩下包括杨育才在内的四口人。

1941 年，14 岁的杨育才已经务农 4 年了。家里的生活还是得不到保障，每年还得向地主借粮 400 斤才能维持到头。不得已，杨育才给地主家做苦工，每天放羊、放牛。

有一次，也是唯一的一次，杨育才冻病了，发了高烧，躺在床上没有去干活，狠心的地主没有一丝怜悯，反而是劈头盖脸地一顿毒打，逼他上山砍柴。

杨育才不明白，为什么地主家不用辛苦劳累就能吃饱饭、穿棉衣，粮食堆满仓。而自己一家人当牛做马，却没饭吃、没衣穿。后来，他听到人们都在议论：毛泽东向着穷苦人，共产党闹革命，红军斗地主、打土豪……他听了这些很高兴，意识到应该去反抗不公，去改变现状。他希望能早一天见到共产党，见到光明，到那时，自己也参军闹革命，做一个救国救民的大英雄！

1948 年，共产党和解放军来到了杨育才的家乡，这让他兴奋不已。这是一支多么好的队伍啊！解放军与乡亲们是如此的亲近。他们不拿群众一针一线，带领农民闹革命，把骑在人民身上的地主、恶霸统统剔除干净，帮助像杨育才一样的穷苦人翻了身，还实行减租减息，每家每户分到了田地。

杨育才想起自己整个童年和少年时代所受的来自封建势力、地主恶霸的压迫剥削，认识到了地主阶级和官僚资产阶级是人民的天敌，体会出自己在旧社会所受的苦，真正感受到毛主席、共产党确实是救活了穷苦人。

1949 年 4 月，为了保卫胜利果实，消灭封建剥削，打败国民党反动派，使农民永远再不受苦难，杨育才参加了革命。

1951 年 6 月，为响应国家“抗美援朝，保家卫国”的号召，杨育才报名参加了中国人民志愿军。在朝鲜战场上，杨育才大展拳脚，多次立功。他作战勇猛机智，领导的侦察排在“奇袭白虎团”的战斗中，立下了不朽的功勋。

奇袭白虎团

奇袭“白虎团”发生在 1953 年 7 月 13 日。当时，中国人民志愿军为了给侵略者以致命的打击，组织了一次大规模的夏季反击战役。杨育才所在部队参加了这次战役。为了全歼正面的敌人，指挥部决定派小分队插入敌后，用奇袭的办法，打掉敌人的首脑机关，配合大部队歼灭敌人所谓的“王牌部队”——李承晚军“白虎团”。

7 月 13 日深夜，杨育才带领 12 个侦察兵，到达前沿阵地的一个坑道里，等待出发命令。杨育才化装成美国顾问，两名精通朝鲜语的朝鲜族士兵，一个当联络员，另一个化装成敌军的排长，其他战士都扮成敌军的模样，一眼看上去这绝对是一支护送美国顾问的南朝鲜队伍。

空中闪过一道道金光，志愿军的大炮、小炮一齐发射，把敌人的阵地打成了一片火海。当志愿军第三次猛烈炮击从前沿移向敌人纵深阵地时，杨育才一挥手，喊道："行动！"接着，一个跟着一个，向南飞速掠去。

翻过豁口，顺着公路，他们边跑边喊朝鲜话："巴卡，里巴卡。"就是"快，快点跑"的意思。他们这样喊，既能迷惑敌人又起到指挥队伍的作用。侦查员们在喊声中迈着急速的步子，前进得更快了。

杨育才他们越来越深入敌方的腹地，敌人警戒严密。就在这时，敌人的飞机投下了两颗照明弹，杨育才趁机清查了一下队伍人数，查了三遍，十三个人变成了十四个，队伍后面多了一个人。"那家伙是谁？跟着队伍跑得还挺欢，这是这么回事？"杨育才纳闷了。他把这个情况告诉了联络员韩淡年。韩淡年悄悄地溜到队尾，一看是敌人，冷不防地夺去了那个家伙的枪，扭着胳膊把他带到杨育才身边。那家伙感到莫名其妙，嘴里直嚷："你抓我干什么？"看来他把杨育才他们当成自己人了。杨育才说道："没想到我们的伪装术挺成功，不仅迷惑了敌人，还送上门一个现成的'情报员'。"这家伙一听是中国话，立马吓瘫了。原来，这个胆小鬼在志愿军大炮的轰击下，吓得躲在沟边的草丛里。当侦察员从这跑过时，他以为找到部队了，所以跟着往南跑，没想到现在竟成了俘虏。

韩淡年用朝鲜语审问俘虏："快说，口令是什么？"

俘虏浑身颤抖地回答："口令是'古轮姆欧巴！'"

杨育才对照自己这方面了解到的情况，发现与俘虏口中供出的"白虎团"的情况一致，由此判定俘虏没有说谎。然后，他命令两个侦察员把俘虏捆绑起来，用毛巾塞住了嘴，扔进旁边的草丛里。

口令弄到了，但准不准，还需要核实。后来，侦察班又遇到敌人，韩淡年抢先问口令，敌人所答与那个俘虏交代的相同。于是，他们凭借口令通过了敌人重重的岗哨，一直跑到永定大桥，来到了敌人的"家门口"。"不远了，同志们！"杨育才看完地图，兴奋地说："离敌

◎志愿军第六十八军二〇三师六〇七团侦察班，在副排长杨育才率领下，化装插入敌纵深，将南朝鲜军首都师『白虎团』全部歼灭

部顶多二、三里路。”

然而，意外情况却在这时发生了。满载步兵和弹药的敌车，一辆接着一辆向北驶去。杨育才想把敌人放过去，但是，到第二十五辆车之后，突然从北边传来猛烈的轰炸声。原来刚刚过去的车队和志愿军的穿插营接火了，敌人的汽车不敢前进，都停在公路上，把这条公路堵得死死的。时间紧迫，杨育才内心在挣扎：怎么办？绕过去，时间不允许，只有打，把敌人打乱，乘机冲出去。要打这么多敌人，这么多汽车，13个人打得了吗？他想：虽然我们人少，但是我们早有准备，更主要的是我们有坚定的信念，必胜的决心。中国人民志愿军一个能打他们几百个。

“坚决打过去！”杨育才下定决心，掏出手枪，轻声下达命令：“两人打一辆车，趁着敌人混乱，迅速冲过去！集合地点是路那边的白杨树。”说完，他把手枪一举，随着一声枪响，敌人的一个司机倒下了。一霎间，一颗颗手榴弹在车厢里爆炸，雨点般的子弹落在敌人堆里。敌人慌不择路，叫喊着从车里跳下来，有的钻进车底下，有的向水沟里爬去，嘴里喊着：“搞错了！不要打，我们是自己人。”

侦察组的成员顺利冲过了公路。杨育才心想：刚才公路上打得那么激烈，敌人团部一定被惊动了，首先得把团部的警卫排歼灭。他把这个任务交给四个侦察兵，其余的人分成两组，分别突袭敌方的主要场所，歼灭有生力量。

战斗几乎同时打响，三队人马各自为战：第一组和敌人的警卫排展开激战；杨育才带领的第二组和小吉普车上的敌人干了起来；第三组的侦察员冲向“白虎团”团长的办公室。敌人正在开会，“白虎团”团长站在地图前用手比划着，嘴里念念有词，他是在命令机甲团3点钟前把丢失的阵地给夺回来。就在这时，门被侦察员的手榴弹炸开了。在震天的枪声和爆炸声中，敌人死的死，伤的伤，侥幸逃生的敌人全部缴枪投降。

一名侦察员踢开会议室里屋的门，从旗台上拔下一面张牙舞爪的老虎旗，高喊着：“杨排长，虎头旗被我们拔下来了！”杨育才扯着旗子的一角，用手电筒照着旗上的虎头和“优胜”二字，呵呵一笑说道：“什么白虎、黑虎，在我眼里都是纸老虎。”就这样，杨育才带领12名战士，前后用了十三分钟的时间，把“白虎团”团部给消灭了。

回国后，侦察英雄杨育才担任济南某部队副师长。他继续发扬革命的光荣传统，谦虚谨慎、吃苦耐劳，为部队建设发光发热。

◎在军事博物馆展出的志愿军缴获的『白虎团』军旗

英雄的幸福生活

至杨育才去世，他和妻子李天姿一起经历了40多年漫长的婚姻旅途，两人从未拌过嘴，一直和和睦睦，相亲相爱。

了解杨育才妻子李天姿的人并不多。一是因为一提到杨育才，人们想到的是“白虎团”，而不是关注他的私生活。二是妻子李天姿为人低调，从不让人宣传她。作为英雄的妻子，她把全部的爱无私地献给了杨育才，使他一直生活在幸福温暖的家庭之中。杨育才曾经说：“没有天姿，我的生活不会如此美好幸福。有了她，我的人生才算完整，才没有虚度。”

李天姿是吉林抚松县人，1936年出生，比杨育才小了整整十岁。

那一年，20岁的李天姿从长春护士学校毕业，不久之后，载誉而回的杨育才和李天姿结成了夫妻。他和李天姿似乎是天作之合，命运在冥冥之中把他们俩牵到了一起。

抗美援朝期间，志愿军战士保家卫国的举动，牵动了全国人民的心，李天姿也不例外。每每有捷报传来，她就高兴地手舞足蹈，热情地赞美那些“最可爱的人”。1953年7月，从朝鲜传回“志愿军奇袭白虎团”的胜利消息。化装成美国顾问、率领12人组成的突袭班，一举捣毁了李承晚部一师“白虎团”团部的杨育才，一时名震全国。于是，成千上万的信件潮水般向他涌来。在堆积如山的信件中，杨育才一眼就看到了署名为李天姿的信。信上写着她对英雄的崇敬、对杨育才的爱慕之情，语言并不华丽，但是非常真挚地表达了想为英雄做出一点贡献的心意。杨育才看完后也动了爱慕之心。

给别人的回信，杨育才都是寄出一张刻印好的公信，唯独给李天姿，他是趴在前线的战壕里，费尽心思，亲笔写下了一封回信。他在信里说：只要能活着回国，一定到长春去看望你。在信的最后结尾处，杨育才祝愿李天姿快乐、幸福。

不久，杨育才就收到了李天姿的第二封信。信里除了写着对杨育才的问候和关心外，还附有一张照片，照片上的女孩既漂亮又大方，大大的眼睛、高高的个子、匀称的身材。杨育才此时已经了解了对方的心意，他感到无比的甜蜜和亲切。然而，他又却步了，担心自己配不上这个女孩。回信时，他把自己年幼丧失父母，孤单贫苦的身世告诉了对方。不料，姑娘并没有嫌弃他，相反，她大胆向杨育才表白了自己的衷肠。于是，杨育才怀着感激与爱意接受了姑娘的爱。

1955 年，杨育才从朝鲜回国，在徐州定居后，他马上给李天姿写信，请她来徐州成亲。李天姿如约而至。

初次见面，杨育才发现李天姿真人比照片还要漂亮。但是，自己又老又瘦，不免自惭形秽，觉得配不上人家。看着对方一声不吭，眼里还泛着泪花，杨育才心情也变得沉重了。“是啊，人家那么优秀的姑娘，怎么会看上我呢？想来是她后悔了。”想到这里杨育才说：“走吧，我帮你买火车票，送你回家。”不过，李天姿却没有动，她眨了一下眼睛说：“瞧你想哪去了，我是觉得打仗辛苦你了，战争把你变得这么老、这么瘦，你为国人立下大功，就应该得到更多的爱。若你不嫌弃，我愿意跟你一辈子，尽我一个姑娘的全力，使你生活得幸福，活得更年轻。”杨育才听到这，忍不住紧握住她的手，在残酷的战场上都没流过的眼泪，此时已经忍不住成串地滚落下来。

几天后，杨育才和李天姿在军营里举行了婚礼。从此以后，两人相濡以沫，再也没有离开过对方。

长期以来，杨育才都是在部队生活，在吃、喝上很不讲究，导致了营养不良。为了给杨育才补充营养，李天姿费尽心思为他安排食谱，精心做好每一顿饭。有时为买一种有营养的菜，她可以一连跑几条街。杨育才每天吃的新鲜鸡蛋，也是妻子辛苦养了好久的柴鸡下的。战场

上遗留下来的旧伤，使杨育才时常腰酸背痛，李天姿就专门弄来名贵的人参给他炖鸡吃，弄来虎骨给他泡酒喝。杨育才的身体健壮了，也真的年轻了许多，妻子兑现了她当初的诺言。他总是向人夸耀：“我们这个家，真正的有功之臣是天姿。”

妻子给了杨育才全部的爱，他也把所有的爱怜给了妻子李天姿。

杨育才原是沈阳军区某师的副师长，1983 年离休，从东北来到泉城定居，住在燕子山下军区第三干休所。

妻子上班，孩子上学，平时家里就只剩他一人。于是，买菜、做饭、洗衣、扫除等全部家务他都一人承包了。他乐此不疲地说：“终于轮到我当‘后勤部长’了，我一定当好。”

妻子上班，离家有五里地，不通公交车，每天要带一顿午饭。杨育才把这顿午饭和早餐一起做好，陪妻子吃完早餐，再为妻子装好午饭。妻子天姿爱吃辣椒炸酱、麻婆豆腐，他每天早早起床炸好辣椒、做好豆腐给她灌进饭盒里。

上午，杨育才带孩子在家吃饭，总是凑合几口，留下好吃的东西，等晚上妻子回来一起吃。每到傍晚，杨育才总要走一段路去迎妻子。有时天姿回来得晚，他就直接走到单位，等妻子下班一起回家。

一次下大雨，杨育才给天姿送伞，浑身都淋湿了，冻得直打哆嗦。李天姿心疼地说：“瞧你，让孩子来就行了，还非得自己来吗?”杨育才笑笑说：“谁来都一样，我闲着没事就来了。”雨中，两人踏着泥泞往家走，一不小心杨育才滑倒了，把脚崴了。李天姿就搀着他走，费了好大的劲才把他弄到家，安顿好他后，警告他以后下雨不准去接了。杨育才满口答应。可是等他脚刚好，一个雨天，他又冒雨去给妻子送雨衣去了。

经过了战争的洗礼，杨育才懂得了什么是生活的真谛，他常说：“平平淡淡才是真，能和妻子相扶到老，是我一生最快乐的一件事。”毋庸置疑，杨育才的家庭生活是幸福的。幸福的生活，是给英雄最大的回报。

战场上的英雄——杨根思

中国人民的优秀儿子，国际主义的伟大战士，志愿军的模范指导员。

——彭德怀

◎杨根思

杨根思，1922年生于江苏泰兴。1944年参加新四军，次年加入中国共产党。曾荣获"爆破大王"、"华东一级人民英雄"等称号。1950年参加抗美援朝，任中国人民志愿军连长。同年11月29号，在碣隅里围歼敌人的战斗中，击退敌数次反扑，最后抱起炸药包，冲入敌群，壮烈牺牲。

悲惨的童年

在生活的重压下，杨根思的父亲杨德堂的背弯成了弓形。母亲常年生病在床不能起身。才满五岁的杨根思，已经懂得家里的艰辛。他和哥哥杨龙玺捡麦子、刨红薯、挑野菜、寻烧草，已然成了两个合格的劳动力。

前些年，杨根思的爷爷欠了地主郑老三的钱，现在利滚利，这笔钱已涨到四十二元了。这几天，郑老三和他的狗腿子们已经来过好几次了。见杨家没钱还，地主郑老三他们就把麦种给抢走了。这不是要人命吗？没了麦种怎么长庄稼，种子就是庄稼人的半条命啊！杨德堂皱紧了双眉，他心想：不行，郑老三的债，说什么也不能再背了，越背越重，要人命啊。他把心一横，决定向外村姓周的地主家租种二亩地。

租上了地，借了麦种。杨德堂下定决心，就是拼上性命这次也要闯出一条活路来。他每天起早贪黑，没日没夜地干。杨根思和哥哥自不必说，每天忙里忙外，没有玩耍的时间。就连体弱多病的母亲也没闲着，时常帮忙下地干活。

辛苦总算没有白费，一家人的汗水，再加上年成好，这才换来了一片丰收的好庄稼。麦子一天天变黄，杨德堂也一天天变瘦，背比以前更驼了。但是想到今年有个好收成，租子和欠的债都能还清，还能剩下些粮食自用，杨德堂的心情就好多了。

麦子收了一半晒在场上。刚晒好麦子，周家的人就来收租了。让杨德堂想不到的是，今年因为是个丰年，姓周的地主要加收两成租子。真是“灾年不减租，丰年要加租”，一点道理都不讲。杨根思看着黄灿灿的麦子，有一多半被装进周家的大口袋，心里很不是滋味。他不明白为什么全家半年辛苦换来的粮食，却要被别人抢占。天下的乌鸦一般黑，郑老三和姓周的都没有良心。丰收的喜悦现在已经没有了，杨根思一家就盼着能留一点粮食自用。

刚喂了周家的狼，又来了郑家的虎。剩下的麦子都倒进了郑老三的粮仓。

由于过度的操劳，杨根思的母亲病得更重了，父亲也积劳成疾，累得都吐了几次血。父母都卧病在床。剩下的麦子没人收，只好先堆在场上。可就在杨德堂病倒得当天，原本晴朗的天，突然变了脸，下起了大雨。一想到场上的麦子都被雨水浸泡，全家人心急如焚，可是没办法，只能等雨停了再说。

雨由大变小，终于停了。不等天放晴，杨根思和哥哥扶着重病的父亲，一起来到了麦垛边。杨德堂揭开麦垛上的盖子，把手伸往麦垛一伸，里面是热的，掏出一把麦子一看，最担心的事情发生了，麦子全长芽了。这时杨德堂只觉得头晕目眩，胸口沉闷，紧接着，哇哇两声，吐出两摊血来，人倒在了泥水里。任凭杨根思哥俩怎么哭喊、晃动，父亲再也没站起来。杨根思的父亲被地主榨干了血汗，被沉重的生活压断了腰杆，含恨离开了人世。杨根思的母亲因为丈夫的死去，受不了这种打击，精神崩溃了。不久，她丢下一对孤儿，撒手人寰。

小小年纪的杨根思失去了双亲，只能同哥哥相依为命。以后世间的艰辛、苦难都要他们自己去承受。

加入新四军

村前的果树熟了又落，落了又熟，寒来暑往，杨根思慢慢长大了。这些年来，他给地主放过牛，给黑工厂当过学徒工。什么艰难困苦，辛酸血泪，杨根思都经历过了。他一心想把欺压穷苦大众的地主恶霸、黑心资本家、汉奸走狗，这些社会的毒牙，全都连根拔掉。

报仇的机会终于来了！

1942 年的春天，麦苗青青，油菜花黄，村前的银杏树抽出嫩黄的新叶，杨根思和他哥哥回到了离别八年的故乡。杨根思回乡的第一天，乡农会主席兼民兵基干队长马海山便给他带来了一个好消息：“根思，你回来的好！如今，我们这里变了，有新四军了！”这消息像一股春风吹进了杨根思住的破草棚，也吹进了杨根思的心田。

“新四军？是那个火烧虹桥机场，震动上海全城的新四军吗？”杨根思想到以前看过的报纸。“新四军是打鬼子的？新四军到底是什么样的队伍？”

“对！是打鬼子的队伍。新四军也是我们穷人的军队。杨根思，你要报仇、要翻身就要跟新四军走!”

“天底下还真有一支穷人的队伍!”杨根思眼睛里闪烁着兴奋的光芒：“海山哥，我杨根思一定要跟新四军，我要当新四军!”

1944 年 3 月，新四军在苏中抗日根据地扩军。杨根思毫不犹豫报名参加了新四军，随后应征入伍。从此，新四军里又多了一名为国为民而英勇战斗的士兵。入伍当天，杨根思被分配到新四军老一团一营三连三排九班。

“老一团”是一个响当当的主力团。1938 年，该团夜袭浒墅关，打了敌人一个猝不及防。1939 年，火烧敌军的虹桥飞机场，这一役打出了新四军的威风；到苏北后又经历了郭村保卫战、黄桥决战和车桥战斗。杨根思为自己成为“老一团”的战士而自豪。

英勇事迹

来到部队一个多月了，还没有领到一支枪，这让杨根思很不满。枪是战士的生命，没有枪还算是战士吗?

后来，终于要发枪了，谁知连长发给他的却是一根长矛。杨根思心中自然很不愉快，虽然没表现出来，但是他的排长——一位红军老战士，看透了他的心思。排长给他讲述了当年红军以三支短枪、八支长矛、几把菜刀起家，夺取敌人的长枪，以后发展为红军主力的事迹，开导他“发扬红军老传统，机智勇敢，苦练杀敌本领，用自己的长矛夺取敌人的枪炮”。

自此，杨根思每天苦练刺杀硬本领，并向排长要了训练用的手榴弹，整天带在身边，有空就练，练得腰酸背疼，手臂都练肿了，还是咬紧牙关继续坚持。机会往往留给有准备的人。终于，在杨根思参加的第一次战斗中，他用声东击西的办法，用长矛一个有力的刺杀，捅死了一个伪军，拥有了他当兵以来的第一支钢枪。

1946年，攻打泰安时，杨根思部接受命令攻打天主教堂。教堂入口已被敌人堵住，房顶的敌人不断地往下投手榴弹。久攻不下，再这样下去不是办法。杨根思冲到离天主教堂只有五六米远的开阔地，不顾枪林弹雨，以最快的速度，向房顶连续扔手榴弹。这时，敌人的子弹击中了杨根思的脸，班长连眼睛都一块儿给他包扎上了。在班长的指挥下，蒙着眼睛的杨根思又扔出去两颗手榴弹，令人惊奇的是，两颗手榴弹都精确命中了目标。

这场战斗结束后，杨根思获得了“战斗英雄”的荣誉称号。

1946年10月13日，杨根思的部队接到任务，冒雨突击敌军的前沿阵地。本想趁着夜幕搞偷袭，不料被前沿敌人发现，只能强攻。趁着敌人火力被压下去的一瞬间，杨根思抱着拉雷冲到碉堡下，手指套上拉环猛力一拉，赶紧跑回来趴在地上，期待着山崩地裂般的巨响。战士们做好了冲锋的准备，可是，几分钟过去了，拉雷没有“反应”。除了密集的枪声，听不到爆炸声。通信员上来传达了连长的命令：迅速爆破！

杨根思重新扛上去的拉雷，还是没有爆炸。原来，雨水让拉雷受潮了。杨根思急得直咬牙，只好再去碉堡下放一个拉雷。

当杨根思刚放好第三颗拉雷，猛地灵机一动，想到：前两个拉雷引线受潮，如果把它们和第三颗拉雷放在一起，准能一起爆炸！他把三颗拉雷摆成个倒“品”字形，猛地一拉弦线，导火索冒着烟，发出吱吱的响声。

一声惊天动地的巨响，敌人的碉堡被炸掉了一半，杨根思和战友们冲进浓烟中。

战斗结束后，在全团授奖大会上，团首长宣读了“嘉奖令”：授予杨根思“爆破大王”的光荣称号。

鲁南战役中，敌旅长李玉堂率两个营和一个负重营、一个山炮连，构筑石壁、战壕、围墙、碉堡、暗堡等层层工事形成纵深防御阵地，死守齐村。

三连的任务就是要炸开围墙，撕开突破口，然后连续爆破敌人碉堡，为全营扫清前进障碍。

在敌人密集的火力攻击下，杨根思和战友成功端掉两个碉堡。经过几番猛攻，四方堡的敌人害怕了，商量着是否要投降。杨根思抓住时机，抱起炸药包，纵身一跃跳入交通壕，一脚踢开碉堡门，大喝一声："交枪不杀！谁敢顽抗，全都得死！"说着，将炸药包往左臂弯里一夹，右手抓住弦线，做出拉弦的姿势。碉堡里有一个排的敌人，看到从天而降的杨根思都吓傻了。

这时杨根思倒退到一旁，厉声说到："把枪放在地上，都给我一个一个出去！"这时，突击排的战士们也上来了，把俘虏们押了下去。

就这样，杨根思一个人俘虏了一个排的敌人。战功卓著的杨根思，被评为华东"一级人民英雄"。

血染小高岭

1950年，美帝国义侵略军将战火烧到了鸭绿江边。朝鲜同中国接壤，唇亡齿寒的道理摆在中国人民面前。随后，中国人民志愿军投入了朝鲜战场。

杨根思积极响应祖国号召，他带领自己的连队跨过鸭绿江开赴朝鲜战场。在中国人民志愿军和朝鲜人民军发起的首次战役中，杨根思表现得十分勇猛，令敌人闻风丧胆。

1950年11月29日的拂晓，下碣隅里周围响起了激烈的枪炮声。1071高地，又名飞鹤山，是下碣隅里外围的制高点。小高岭则是1071高地东南的屏障，卡住下碣隅里到古土水、咸兴、元山的公路，其战略位置十分重要。

杨根思的任务就是带领一个排，加上营机炮连的一挺重机枪，立即支援 2 营 6 连夺取小高岭，天明以后接替 6 连，牢牢守住这个阵地，不让敌人突围出去。

杨根思的对手是美海军陆战队第一师，号称美国的“常胜军”，也确实是一支从未打过败仗的王牌部队。

杨根思从来不管什么常胜军，王牌军，这些名头吓唬别人还行，对杨根山来讲就是麻绳拎豆腐——不值一提。

踏上小高岭的阵地，风呼呼地吹着。杨根思环顾四周，仔细观察地形。向西北望去，冰封的长津湖尽收眼底；向前望去，隔着一大片开阔地的下碣隅里就如同在眼前一般：市镇前的公路桥看得清清楚楚；步枪可以射击到下碣隅里左面平原上敌人的飞机场。从下碣隅里通向咸兴、元山的公路，紧贴着小高岭的脚下拐了个弯向南伸去。这是向南的唯一通路。失去小高岭，1071 高地就无法控制公路。用营长的话说，就是“插上了门闩，使敌人无法向南突围”。守住小高岭，就等于卡住了美军陆战一师的脖子。

“嗡……”是敌人的轰炸机到了 1071 高地的上空。顿时，天上倾泻的炸弹，对面敌军阵地的炮弹，全部打在了杨根思防御工事的四周。一时间，山上的石头、泥土、雪块、树枝被炸得粉碎，原本被雪覆盖的山头，已经变成一片焦土。

一阵狂轰滥炸以后，企图夺路逃跑的敌人窜到小高岭前沿。当敌人行进到距已 30 米时，杨根思一声怒吼：“打！”顿时，轻重武器一起喷出怒火，一排排手榴弹在敌群中开花，打得敌人丢下了大片尸体，溃退下去。

一批还没杀完，又有一批敌人涌上山来。杨根思把机枪转了个方向，炽热的火舌挡住了进攻的敌人。一群敌人倒下了，又有一群向上涌。杨根思当机立断，命令 8 班从山腰插向敌人侧后。7 班、9 班从小高岭向下压去。敌人动摇了，在坦克炮火的掩护下撤到山脚下。

敌人的三次反扑被打退了。阵地前横七竖八地躺着美国侵略者的尸体。

激烈的战斗还没结束，敌人一批批地被歼灭在小高岭上，杨根思率领的 3 排勇士们也越来越少了。

敌人再一次更疯狂地向小高岭发动了持续二十分钟的炮火轰击。急于逃命的敌人正在作垂死挣扎。

战火纷飞，硝烟四起。战斗到最后，成了一个人的战争，除了杨根思，所有战士都牺牲了。小高岭一片寂静。杨根思知道，这异常的平静，孕育着一场更猛烈的风暴。此时，杨根思只有一个信念：坚决顶住，就是剩下一个人也要顶住！

敌人炮火发狂似地袭来。二十几架敌机轮番轰炸，烈焰纷飞，铁片飞溅，泥土翻卷，一场血战来临了。

一大群美国侵略军嚎叫着、扫射着，他们以为阵地上已经没有人了，于是直起腰，抬起头，向小高岭一涌而上。随后，他们停止射击，准备让这面曾经插在许多异国土地上的军旗，再次飘扬在小高岭上。

云层紧压住 1071 高地的顶端，雪花已不再飘落，小高岭烧尽的松枝，冒着丝丝白烟。杨根思紧紧盯住潮水般涌向阵地的美国兵群，内心反而出奇的平静。近了，近了，敌人越来越近，60 公尺、50 公尺、40 公尺、30 公尺。杨根思抱着炸药包猛然跃起身，屹立在小高岭上。他怒视敌群，顶天立地，巍然如山！

“啊，天哪！”美国强盗面色惨白，浑身战栗，发出绝望的惊呼。

时机已到，升空的信号弹异常刺目，志愿军的冲锋号同时吹响了，惊天动地的喊杀声像是从天而降，围剿美国第一师的全面作战已经开始了……

战后，志愿军总部给杨根思追记特等功，授予“中国人民志愿军特级英雄”称号。朝鲜民主主义人民共和国授予他“朝鲜民主主义人民共和国英雄”称号和一级国旗勋章、金星奖章各一枚。

烈火中永生——邱少云

宁愿自己牺牲，绝不暴露目标，为了整体，为了胜利，为了中朝人民和全人类的解放事业，愿意献出自己的一切。

——邱少云

◎邱少云画像

邱少云，1926 年出生于四川省铜梁县（现属重庆市）。1949 年加入中国人民解放军。1951 年加入中国人民志愿军。次年 10 月 11 日，在一次执行潜伏任务时，不幸被敌人的燃烧弹击中，全身被火焰燃烧，为了不暴露潜伏队伍，他始终趴在火中，一动不动，最后牺牲年仅 26 岁。

学文化练本领

邱少云小时候上不起学，他羡慕那些坐在教室里看书的孩子，每次经过学校，听见里面朗朗的读书声，就会不由自主地停下来。有一次被地主撞见了，地主骂他是癞蛤蟆想吃天鹅肉——痴心妄想。邱少云的自尊心受到了伤害，但越是这样，他就越渴望读书。

加入部队后，邱少云终于如愿以偿地可以读书识字了。他很珍惜这来之不易的机会，学习非常认真。当时，军队里能识文断字的人不多。为了迅速普及文化知识，文化教员要求每个战士每天学习 10 个字，十天要掌握 30 个字。可邱少云自己定的计划是每天学习 30 个字，十天掌握 90 个字，白天完不成，晚上加班学。没有纸写字，就在地上练。一个月下来，他就学会了写简单的书信，能看懂一些粗浅的文章。

邱少云利用一切闲暇时间看书。夏天午休，他的床铺总是空的，别人睡觉的时间，他在学习。晚上吃完饭后到关灯睡觉之前，这段时间大家自由分配，别人都是在一起聊天、玩游戏，或者去河里游泳。邱少云却喜欢到伙房后面的大树下看书，不顾蚊虫的叮咬和天气的炎热。后来在全连大会上，连长点名表扬了邱少云刻苦学习的事迹。

文化知识上有了很大提高的同时，邱少云也没有落下军事训练。上阵杀敌，保家卫国，若没有扎实的军事技能，就是一句空话。邱少云除了参加部队的集训外，其他业余时间也不放过，一有空就跑到操场上，练习瞄准、刺杀、格斗、爆破。一段时间下来，这些项目他都取得了不错的成绩。唯一的遗憾是，他的投弹成绩不行，由于臂力达不到，他投出的教练弹都没能超过 50 米。

为了把臂力练好，邱少云一举石磙就是一个小时；为了练腿力，每天跑十公里；为了练腰腹力，一上单双杠就顾不得吃饭。臂膀红肿了，冷敷几下又接着练；腰腹痛了，揉搓几下又继续干。一次值夜岗后，他操起两颗练习弹，到一个僻静的开阔地来回投起来。越练越带劲，不知不觉天已拂晓。他还自创了一套练习臂力的方法：把草绳的一头拴在一棵大树上，另一头拴了个教练弹，用力甩开臂膀练。邱少云每次练 200 下，一次下来衣服都湿透了。这样练了好多天，邱少云感觉胳膊比以前有劲了。他又请班长来指导动作要领，反复进行投弹练习。后来，在一次投弹测试比赛中，邱少云的三次投弹成绩分别是：52.5 米，53 米，55 米。他获得了连队第一名的好成绩，战友们都对他竖起了大拇指。

可爱的“后勤部长”

邱少云并没有做过后勤部长，直到牺牲时，他都只是一名士兵。“后勤部长”是战士们送给他的美称。然而一开始，大家都叫他“小气鬼”。

战争年代，作为一名士兵，连续负重行军，爬雪山，过草地，这都是家常便饭。1950年，朝鲜战争爆发。1951年邱少云加入了中国人民志愿军，随部队一起跨过鸭绿江。来到朝鲜战场，气候异常恶劣，山路更加崎岖。连续的行军、赶路再加上连日的暴雨，很多战士体力跟不上了。越是累，越感到背包过重。为了减轻负担，有的战士开始清理背包，把能扔的尽量扔掉。慢慢地其他战士也开始效仿，把认为当前用不着的东西都扔掉。

偏偏邱少云没这么干。他觉得自己身强力壮，累点无所谓，有些东西现在用不着，以后没准就有用，到那时后悔就来不及了。过了一段时间，别的战士的包裹越来越小，他的包裹反而越来越大。邱云把大家扔掉的东西，认为有用的就装在自己包里，放到后来，他的包鼓鼓囊囊的，像个大粽子。战士们都笑他是“小气鬼、老财迷、守财奴。”上纲上线的也有，其中有个叫李刚的战士，老是说他是“小农意识”。而邱少云自有主意，不与他人争论。

“还是新鞋穿着舒服，这双旧的扔了，背着太累。”说着李刚就把鞋扔在了路边。邱少云捡起来看了看说：“这鞋并没有破，还可以穿，你还是留着吧，扔了多可惜。”李刚哈哈一笑，反驳道：“稻草虽轻，可总有一根能把驴压垮。我可不想背一些无关紧要的东西，减轻负担，轻装上路，这才是当务之急。你的‘小农意识’也该改改了。”听到这里，邱少云的脸刷地一下红到了耳朵根。本来是好心，别人非但不领

情，还误解了自己。邱少云没再多说什么，随后把那双旧鞋装了起来。

春去秋来，志愿军靠着一双脚，跋山涉水，翻山越岭，丈量了大半个朝鲜，也把美国军队逼得越来越往后缩。

有一次，打了胜仗之后，部队休整。邱少云看到李刚坐在地上，皱着眉头，表情痛苦，于是走上前去关切地问："你伤哪了，美国佬的子弹打到你了？"

"我哪有受伤，美国佬的子弹见了我就绕着走。"李刚不屑地说道。

"那我怎么看你一副愁眉苦脸的样子。"

"唉，是我的鞋破了，你看鞋底一个大洞，脚都磨出泡了。"说着李刚抬起了右脚。"要不是脚磨得疼，我还能多追杀几个美国佬。"说着一瘸一拐地往营地走去。

晚上睡觉前，邱少云把一双鞋塞给了李刚。"这是你的鞋，现在物归原主。打仗没鞋穿可不行，赶明儿穿上它多打几个美国鬼子。"李刚拿起鞋一看，羞得不敢抬头看邱少云了，这双自己扔掉的鞋，明显洗过了，干干净净的，上面的小洞也给补得平平整整。李刚赤着脚立正，给邱少云敬了个军礼，红着脸，握着邱少云的手说："我再也不叫你'小气鬼'了，你这次真是帮了我大忙，这可是救命鞋啊。"说着眼眶也微微湿润了。邱少云开玩笑说："不叫我'小气鬼'，那你叫我什么？"

"嗯，让我想想，就叫你军需处长怎么样。"李刚认真地说道。

自打这次"送鞋事件"以后，再也没人叫邱少云为"小气鬼"、"守财奴"、"老财迷"了，而是改为"管理员"、"后勤处长"，他的包也被称为"军需库"。往后大家缺了什么就找他要。你没鞋穿，他给你一双鞋；你烟瘾上来了，他给你一盒烟；还有日常用的笔、纸、针、线，只要你有需要，他都能给你找来。

后来，邱少云因为贡献有功，连长改称他为"后勤部长"。这个称呼的背后还有一段故事：抗美援朝期间，志愿军的伙食是"炒面"，这种食品易保存，热量大，但是口味单一，不好吃。有一次，邱少云所部发现了敌人一个食品仓库，那些美国人的伙食比志愿军好多了。大家都把炒面倒掉，往袋子里装罐头、香肠、饼干。当时邱少云并没有同大家一样，他装的是几袋子咸盐，他考虑到部队的盐快吃完了，这盐以后肯定用得着。

回到部队以后，战士们抢来的罐头、饼干、香肠吃得很快，又没了炒面，只能吃黄豆。邱少云经常把自己留的炒面分给战友，吃口炒面，就点咸盐，这样有了食欲，也增强了体力。

长时间以来，由于敌机轰炸过于频繁，后方物资没法供应上来。连长急得团团转，战士们虽有黄豆吃，但是一个月不吃盐，谁能顶得住。慢慢地，连里生病的越来越多。这没有盐吃可不行，战士们都病倒了，谁去打仗？连长越来越担心了。就在这时，门外有人喊报告，进来的正是邱少云。连长心想：平时大家都叫他“军需处长”，听说他还有自己的“军需库”，难道我要什么，他就有什么吗？想到这，连长打量了一下这个小个子，说道：“邱少云，别人都称你是‘军需处长’，向你要啥你就有啥，我看名不副实，我要盐，你有吗?”

“报告连长，‘军需处长’是别人给起的，邱少云只是个士兵，只想过上阵杀敌，没想过要当处长。”邱少云大声地说。

“不过，盐我带来了，请连长过目。”说着，邱少云就把两个装盐的炒面袋子提了起来。

这一下，可把连长镇住了。连长兴奋地拍着邱少云的肩膀说：“好啊，邱少云，真有你的。这次你可算是立了一功。都说你是‘军需处长’，我看那，以后该叫你‘后勤部长’了。”听到这，门外的士兵都笑了起来。邱少云不好意思地挠了挠头。从此，“后勤部长”的称呼便叫开了。

名垂军史

邱少云刚刚入伍时，对部队的生活还不是很适应。由于性格内向，不爱说话，他显得有些不合群。其实邱少云是个温厚敦实的小伙子，他平时虽然不爱说话，可只要有事，他会主动去做。他的班长是个非常热心的人，知道邱少云是个可塑之才，就时常帮助邱少云，还主动找他聊天、谈心，鼓励他多和别人交谈，多融入集体。在班长的影响下，邱少云慢慢变得开朗、自信、活泼了许多。

朝鲜战争期间，邱少云无论是战斗水平，还是思想觉悟上，他都进步神速。尤其对各种作战装备，他都有特别强的领悟能力。像一些爆破筒，转盘式冲锋枪，莫洛托夫手雷等诸如此类的苏式武器，他上手很快，一摸就会，真正成为了一名优秀的士兵。

1952 年 10 月，上甘岭战役打响了。要想取得这次战役的胜利，必须炸掉敌军增援必经的康平桥；要炸掉康平桥，又必须先拿下 391 高地。敌军在 391 高地半山腰布下了一个加强营，修筑的明碉暗堡多如蚁穴，外围还加设了层层的铁丝网。强攻是不可能的。指挥部决定派一支部队秘密潜入敌军后沿的半山腰，埋伏 24 小时，一旦进攻时间到了，迅速抢占 391 高地。邱少云所在的一排担起了这个重任。

10 月 23 日下午 6 时，志愿军向敌军阵地猛烈发射炮弹，趁敌军慌乱之机，一排所有战士浑身插满芦草匍匐前进。三小时后，部队静悄悄地进入预定地点，志愿军的炮弹也停止了发射。

24 号中午，天刚下完一场雪，万物萧瑟，大地一片寂静。也许是太沉静了，敌人反而觉得不安，怀疑志愿军在搞什么名堂，可是又不敢出来巡逻，就不时地对周围地带进行盲目的试探。先从碉堡里打出十几发烟雾弹和毒气弹，还好所有潜伏人员都预先准备了防毒面罩，敌人弄巧成拙，反倒呛着了自己。下午 2 时左右，敌人又向周围打出数百发炮弹，其中不少落在了潜伏区，一些人受伤了，也有人阵亡了，但是没有一个人乱动。

素有疑心的美军，又派遣李承晚的伪军去山腰巡视。伪军的一个巡逻小队钻出了暗堡，慢慢地朝邱少云他们的潜伏地点走了过来。随着伪军越来越近，潜伏区的战士们越来越紧张。最担心的事情发生了，伪军发现了潜伏区的志愿军战士，他们马上掉头往山上撤退，仓皇中几个伪军用冲锋枪乱扫了一通。

情况十分紧急！绝对不能让这群伪军回去。观察所的指挥员果断命令炮兵开炮，在志愿军的炮弹精确打击下，391 高地上顿时成了一片坟场，李承晚的伪军全部被消灭。志愿军的潜伏计划并没有暴露。

山上的敌人被突如其来的炮火吓住了，一种不祥的预感油然而生。果不其然，敌人的飞机又向潜伏区袭来，向草丛中投下了燃烧弹。其中一颗落在了邱少云的不远处，四溅的火花落在了邱少云的腿上。火势由小变大，慢慢燃烧起来了，再加上志愿军穿的是棉服，见火就着。火越来越旺，很快就遍及邱少云全身。

此时一排排长就在邱少云身后不远处，他看得清清楚楚，只要邱少云原地打个滚，火就能灭。但是邱少云知道，敌人的望远镜此时就在注视着这片火海，只要稍微一动，自己就会暴露，整个队伍就会暴露，任务就会失败。他忍着剧烈的灼痛一动不动，像是什么事情都没有发生。

排长的内心颤抖着：邱少云的手指深深地抓进土里，一言不发，身体紧贴地面，他在强忍着巨痛。眼睁睁地看着自己的战友被大火焚烧，却不能相救，一向不会流泪的排长忍不住留下了眼泪。“哪怕一枪把他打死，也比现在看着他活活地烧死强。”排长闭上双眼，看不下去了。

火在邱少云身上烧了有半个钟头，而战友们感觉像是过了一个世纪。看着邱少云从一个活生生的人慢慢地变成一具焦尸，战友们的心好像被刀剜一般。每个人心中都在呐喊着“报仇！一定要为邱少云报仇，一定要亲手杀了这群畜生。”

报仇的时刻终于到了。下午5点40分，先是对敌军的阵地进行一番猛烈轰炸。潜伏组成员利用炮火停顿的5分钟时间，割断了敌人的封锁网，炸掉了几个碉堡，为进攻391高地扫清了障碍。

紧接着，一排排长向天空发出三颗信号弹。“嘟嘟嘟嘟……”嘹亮的冲锋号吹响了。志愿军战士怀着满腔怒火，红着双眼，向敌人扑去，全歼了敌人的加强连，占领了391高地主峰。

邱少云的牺牲换来的是战役的胜利、中国的军威和后人幸福的生活。人民不会忘记他，岁月抹不去他的光辉，历史终将铭记他的英勇。在军史资料里记载着邱少云的事迹：1952年10月中旬，在抗美援朝一次战斗中，邱少云所在营奉命担负潜伏任务。潜伏前，邱少云向党支部递交了入党申请书，写道：“宁愿自己牺牲，决不暴露目标，为了整体，为了胜利，为了中朝人民和全人类的解放事业，愿献出自己的一切。”

邱少云使用过的钢枪，枪托已经烧成焦黑。但枪身却依然完整。还有一张巴掌大小的军衣残片，曾经紧贴过他最后的心跳。

烈火虽然吞噬了邱少云年轻的生命（牺牲时年仅26岁），却在中国军史上留下了一个伟大的名字——邱少云。

中国人民志愿军领导机关于1952年11月6日给他追记特等功，1953年6月1日追授“中国人民志愿军一级英雄”的称号。同年6月25日，朝鲜民主主义共和国最高人民议会常务委员会授予“朝鲜民主主义共和国英雄”称号，同时授予金星勋章、一级国旗勋章，并将邱少云的名字刻在金化西面的391高地石壁上：“为整体、为胜利而牺牲的伟大的战士邱少云同志永垂不朽。”

2009年9月14日，邱少云被评为“100位新中国成立以来感动中国人物”之一。

救灾英雄——邱光华

作为一名军人，作为周恩来总理招的第一批少数民族飞行员，要对祖国做一点贡献。看到老百姓的房子倒得那么严重，多救一些人我们也是一点安慰。所以不考虑自己的事，有需要我们就上。

——邱光华

◎邱光华

邱光华，1957年出生在四川茂县，羌族。中国人民解放军航空兵某部飞行员、机长，他是周总理亲自挑选的第一批少数民族飞行员之一。1974年4月入伍。1976年6月入党，大专文化，大校军衔。四种气象飞行指导员、副师职特级飞行员。他多次执行军事演习、卫星回收和抢险救灾等重大任务，飞行时间是58000多小时，荣立二等功3次，三等功4次。2008年5月31日，邱光华在汶川地震执行救援任务时，不幸遇难，时年51岁。

展翅翱翔的雄鹰

2008年5月31日，距离大地震已经有19天了，汶川地区还是余震不断。成都军区某陆航团734机组成员也已经奋战了19个昼夜。

这一天，734机组编号为92734的一架直升机又一次投入到了救灾

工作中。

由于救灾工作紧迫，直升机安全抵达目的地后，没有休息马上返程。下午两点天气突然发生了变化，阴翳的雾霾笼罩了整个汶川，使得空中能见度超低。20分钟后，陆上人员与正在返航的92734号直升飞机失去了联系……

在一处山麓上，搜救人员找到了92734号直升机的残骸，以及5名遇难者的遗体，其中一位就是机长——邱光华。

四川省阿坝州是我国羌族的聚集地之一，这里峰峦叠翠、碧水长流、林深谷幽，百草千花夹道而生，更有品类繁多的蔬果四季飘香，英雄邱光华就是生长于此。优美的山川，朴实的民风，造就了他善良、坚毅的品格。

小时候的邱光华喜欢贴近自然，常常躺在大山的草坡上仰望蓝天。看着自由翱翔的雄鹰，他忍不住遐想：什么时候自己也能飞到天空，像鹰一样俯视大地，凌云踏雾……谁也不曾想到，他幼年的梦想，终会成为现实。

1974年4月，机会眷顾了这位品学兼优的羌族少年，17岁的邱光华成为了一名飞行员，并且是周恩来总理亲自选拔的第一代少数民族飞行员。

在新疆哈密的空军航校，通过两年的系统学习和训练，邱光华以全优学员的身份毕业并分到成都。从那以后，邱光华驾驶直升机飞遍了祖国西南方的山山水水。

1985年12月，邱光华和战友驾机飞行2600公里，越过了常年积雪的唐古拉山，降落在布达拉宫广场上。这次飞行，成功地架起了一条直升机进入西藏的“空中走廊”。青藏高原有世界屋脊之称，高寒缺氧、地形复杂、气候多变，是世界公认的飞行禁区和死亡航线。在两次世界大战中，有很多国家的王牌飞行员命丧于此。

“当时的条件很差，加上海拔高，气压低，我们吃的都是没有熟的饭，吃不饱还拉肚子。”飞行员余德文回忆那段经历时说，“由于寒冷，飞着飞着，手就和驾驶杆冻在一起了，飞行结束后，驾驶杆会粘掉我们手上的一层皮。”

就是在这样的“飞行禁区”里，邱光华和战友凭借过硬的飞行技术和灵活机警的操作，驾驶飞机从层层雾障的缝隙中穿出，经受了冷、热强气流的重压和干扰，获得了所驾直升机在高原环境下飞行的完整数据。此举填补了世界航空史上的一处空白。

1987 年 10 月下旬，大雪突然从天而降。藏民和牛群羊群还没有来得及转移到冬季牧场，雪已经封堵了大路小路，填平了山谷沟壑，使他们与外面的世界隔绝，陷入饥饿冰冻的绝境。

这天，邱光华和战友们接到了一道十万火急的命令：救援藏北遭受雪灾的藏族同胞。在漫长的救援航线上，邱光华和战友们一直在飞行高度的极限 6000 米上前进。为了节省动力，多运救灾物资，邱光华在奇寒的空中关掉了暖气设备，浑身冻得几乎僵硬，他的飞行帽、眉梢都凝上了一粒粒晶莹闪亮的冰碴，四肢也开始不听使唤。但他咬紧牙关，保持正常飞行。

邱光华和战友们创造了直升机在 5000 米以上地区载重悬停的奇迹，使各国专家大跌眼镜，惊呼这是世界直升机航空史上的创举和壮举！

为了寻找失踪了 97 天的 640 名藏族同胞和近万头牛羊群，邱光华和战友在黎明呼啸腾空，沿沱沱河峡谷的不同方向飞去。

飞机的旋翼下是一片白色的世界，没有尽头，仿佛生命在这里都消失不见了。飞机迫降到了 50 米的高度，机组成员摘下雪盲镜，目不转睛地扫视、寻觅，雪地的反光刺得战士们的两眼酸疼。就这样飞行了 8 小时之后，邱光华第一个发现了一座座白雪砌成的古堡似的墙垣。再飞近些，看清了！大家惊呼：“帐篷！帐篷！”所有的努力没有白费，终于让有心人找到了受灾的藏胞。

藏族乡亲们喜极而泣，欣喜之情已经无法用言语表达。他们虔诚地向飞机顶礼膜拜，气氛分外庄严肃穆。阿爸、阿妈像见到了久别的亲人，拉着邱光华的手不停躬身用脸颊亲他的手背，抚摸他的军装。邱光华早已被感动得流下了男儿泪，只知道和阿爸、阿妈相拥抱成一团，几十天来折磨着他的高原反应、头痛、浑身乏力、手脚冻僵都抛在了脑后。面对藏族人民真挚的爱，他在心中暗暗许下了誓言："我之所以活着，就是为了让更多的人活着，这是我的使命。为人民赴汤蹈火、出生入死，绝不后悔！"

1999年10月，台湾同胞在贵州山区旅游时遇险。邱光华在接到营救任务后，冒着秋雨，在没有航线的云贵高原上穿云破雾，开辟出一条新航线，拯救了遇险的台胞生命。

2000年，解放军举行三军联合真实演习中，邱光华机组以高难度的战术飞行动作震惊全场。

邱光华是全军四种气象指挥员、四种气象教练员、特级飞行员，还参与编写用于指导全军陆航部队飞行训练的《飞行大纲》。他熟练掌握的 6 种列装机型的飞行技巧，开创10项飞行记录，填补了世界航空史的空白。

邱光华先后10次成功处置直升机空中单发停车、罗盘失效、突遇雷雨等各种险情，保证了国家的巨额财产和战友的生命安全。

随着名气的上升，邱光华面临的诱惑也在增多了。一家直升机公司看中了他过硬的驾驶技术，想用高额的年薪邀请他加盟，邱光华当场拒绝："人不能忘本，我从山里走出并不容易，是党和人民给了我一切。我也要把我的一切献给党和人民。"

用行动报效人民

2008年5月12日14时，8级强震袭击了四川汶川、北川地区。大地颤抖，山河移位，这是新中国成立以来破坏性最强、波及范围最大的一次地震。

地震发生后，成都军区在第一时间投入到了救灾战斗中。由于当时山体倾塌，碎石滚落，公路毁坏严重，给地面救援部队带来了很大的不便，此时空中支援无疑成为了重要力量。成都军区马上派遣陆航直升机编队开赴救援一线。

原本这次飞行救灾任务里并没有邱光华的名字。虽然他曾经多次参加过抢险救灾，有丰富的经验，但是领导考虑到51岁的邱光华再有几个月就到停飞的年龄，他家又是在重灾区，就没有把他列入此次飞行救灾的名单里。

可是作为飞行员的邱光华强烈意识到，这是报效祖国和人民的最好时机。

在得知自己没被任命，邱光华却不干，一次次找团领导申请救灾。他对领导说："我还不想离开天空。我是老飞行员了，我有经验。家里的事压不垮我，何况家乡的地形我最熟悉不过，让我飞的话，还能带带新兵……"但是，领导还是不同意让他去，邱光华就开始"死皮赖脸"地纠缠不休。

5月13日，团里拗不过邱光华只好让他正式投入救灾一线。邱光华终于还是登上了飞机。两天后，他驾机飞进青川执行空运救灾物资任务。

到达目标空域才发现，在满目疮痍的地面上很难找到一块降落场。有人建议空投，邱光华坚决不同意："这可是乡亲们的救命粮、救命水，摔坏了怎么办?"他带领机组成员反复盘旋观察，成功将直升机降落在一个面积不足200平方米由震后的几块石头形成的平面上。

回来后，有人不解地问他，为什么要赌上生命去较真。他说，救民于水火，我们代表着党的形象和军队荣誉，绝不能打半点马虎眼。

5月26日，邱光华驾机进汶川运送伤员，降落的峡谷仅百余米宽，5道高压线依次挡在下降的航线上。地面由于山体滑坡河水上涨，原本的河滩变成了一片沼泽，找不到一处可供降落的地方。

盘旋在空中，看到人们跟着直升机跑动，焦急地挥舞着各种颜色的衣服，邱光华很是着急。他一次又一次下降，又一次次把飞机拉起，在空中盘旋30多分钟，悬停下降11次后，终于穿过电线网强行降了下去。事后，他对记者说："伤员在下面，我们冒死也得下去。"

在峡谷中贴着山壁飞行，在狭窄的江边寻找降落点，在强烈的气流中颠簸……所有乘坐过直升机进入震区的人，都忘不了视线周围每过三四百米就拐弯的大山，忘不了视线下方湍急的江水，忘不了山头之间蜘蛛网般的高压线。

对常人而言，一次就足以惊心动魄，可邱光华和战友们却每天都要在这样的环境中飞行，一次次把党的温暖和生的希望送到灾区。

在抗震救灾中，邱光华总是主动担负起为年轻飞行员在生疏地域、复杂地理环境中开辟飞行航线的任务。每一次从拿到任务书到起飞最短只有5分钟，最长在10分钟，机组往往只知道飞行高度就出发，上天后再观察天气和地形条件，让每次执行任务都艰险重重。

一次执行任务中，直升机两台发动机转速差高达50%，温差120摄氏度，几乎接近单发飞行，危急中，邱光华冷静地紧握操纵杆，固定总距杆，最终让直升机安全返回机场并滑行着陆，保证了机上20名伤员和机组人员的安全。尽管如此，第二天，他还是没有停止飞行，继续驾着检修无碍的直升机在前线冲锋。

就这样，在飞机各种参数接近飞行临界值，通信联络不通畅的情况下，邱光华一次次地冒着生命危险，穿越气流极不稳定、高压线纵横交错的深山峡谷，飞赴汶川、青川、北川、映秀等重灾区，抢救伤员、运送物资。牺牲之前他每天都活在高度紧张和繁重的救灾工作中，平均每天只能睡四个小时。

与青山同眠

5·12地震发生后的第5天，邱光华才得知自己家中房屋被毁，年近80岁的父母住进了窝棚。然而，从大地震发生的当天起，邱光华6次飞赴茂县执行任务，每次都从家乡上空飞过。一次抢运伤员时，机降点距家不足800米，在等待升空的间隙，他仍然没有离机回家。

5月31日，邱光华驾驶92734号飞机，在两次往汶川草坡乡、耿达乡运送药品、食物之后，下午13时，第三次起飞，执行运送医务人员到理县的任务。

飞机越过都江堰飞往阿坝州境内，曾经清秀的山体被地震摧毁得满目疮痍。旋翼下的每一处断垣残壁都让邱光华那么熟悉。飞机每次降落前，废墟上、河滩上的受灾群众向空中用力挥舞双臂、流着眼泪高声呼喊。川西高原崇山峻岭间，一条条通向灾区的生命通道架在空中，邱光华和他的战友们，被灾区人民称为“希望的神鹰”。

为了保持飞机的平稳和保证降落的安全性，飞机一直保持在800米左右的高度，高度正好与两旁的山峰平行。这是一条从未飞行过的航线，两位机长一边查看地图，一边通过GPS卫星定位系统确定航线。飞机在山谷中盘旋，四面都是悬崖峭壁，还有密密麻麻的高压电线，稍有不慎，就有可能机毁人亡。飞行难度之大，甚至让这些特级飞行员也感到棘手。但是为了拯救灾区群众，“希望的神鹰”一次次穿越生死航线。邱光华是在用生命救援伤者。

14时20分，邱光华驾机返航，直到这时，飞行十分顺利。经过汶川时，他与驾驶92750号机的藏族机长多么秀取得联系，双机目视跟进飞行。当飞至汶川银杏乡狭窄山谷时，天气突变，多么秀爬飞到2600米时，与邱光华失去了联系。

如同此前的63次飞行一样，当邱光华驾着战鹰第64次飞向地震灾区时，人们安静地等待着他能一如往常地平安回来。然而让谁也没有想到，这第64次飞行救人的邱光华一去便成为永别。

11天后，当人们终于在一片陡峭的岩上找到他们时，邱光华和另外4位勇士已经化成“丰碑”，永远融入这莽莽青山之中了。

在整理邱光华的遗物时，战友在邱光华最贴身的兜里找到了几张报平安的纸条，它们一个个都完好无损。他是想要把这几张平安纸条送给需要的人，而现在，这件事已经成了他未了的心愿。

在这次抗震救灾中，邱光华飞行 63 次。他先后向汶川、茂县、理县、卧龙、映秀、耿达、青川、北川、平武、安县共运送救灾物资 25.8 吨，运送各类救援人员 87 人，转移受灾群众 234 名，其中因灾受伤人员 54 名。

2008 年 6 月 14 日，邱光华和机组人员的遗体从映秀镇运回成都，当灵车缓缓驶出映秀镇时，人们纷纷走出帐篷，或挽着白纱，或挥舞着从山中采摘的小白花，泪如雨下，哭声震天。

马元江是在废墟中被淹埋 179 个小时后获救的，是邱光华把他从映秀转运到成都医院。追悼日这天，他坐在病床的床头，遥望着灵车行驶的方向默默流泪，泣不成声地告诉病友：他的命是邱光华给的，病好了，他要亲自去给邱光华磕头！

在邱光华精神的激励下，“抗争救灾英雄陆航团”的官兵在天气极限、飞机极限、人员操纵极限的条件下，续写下了新的纪录：飞机出动最多，飞行架次最多，飞行时间最长，飞行空域最广，飞行航线最复杂，为整个救援立下了汗马功劳。

一年后，在纪念汶川地震周年前夕，邱光华机组纪念雕像在成都落成。有人这样寄托哀思：“巴山蜀水永远忘不了她的这个儿子——邱光华，他为‘母亲’尽了最大的孝道。大功不言，大德无形。天地之间有的英魂，百姓就会把他刻在心碑上”。

英雄虽然已经走远，但是人们永远不会忘怀邱光华为灾区人民所做的一切。2009 年 11 月 1 日，七位全国权威文物评定专家在四川建川博物馆评定出三十件一级国家文物，除二十件抗战文物外，邱光华《飞行记录》日记本等 10 件与汶川地震相关的文物，跻身进入国家一级文物行列。邱光华的《飞行记录》是建川博物馆于 2008 年 9 月在失事现场寻找到的，因被火烧和雨水浸泡，字迹模糊不清，只有“邱光华”三个字依稀可见。

精英士兵——何祥美

当我握枪的时候，我会把其他的都丢到一边。我会想：我需要干什么？因为这是我的戏我的舞台，只要一上场，我就要演好。戏怎么唱怎么演，都靠自己，别人都是观众，射击也是一样。我会认真地把握每次射击的机会，把每一颗子弹都当成自己的最后一颗子弹，把每一颗子弹都发射到我想命中的地方去。

——何祥美

◎何祥美

何祥美，1981 年 10 月出生于江西崇义，18 岁入伍，四年后加入中国共产党。身负“水上蛟龙”、“陆地猛虎”、“空中雄鹰”的“三栖”作战硬功。狙击枪的枪法精准，是驰名全国的“枪王”，迄今已参加 40 多次军事演习和国际性重要会议安保任务。先后被授予“全军爱军精武标兵”和“全国敬业奉献模范”称号。2011 年被评为“2010 年度感动中国十大人物”之一。

终极战士

地处南美洲委内瑞拉的“猎人学校”，是一所全世界闻名遐迩的特种兵训练中心。由于“魔鬼”式的选拔、接近实战的残酷方式，“猎人学校”的淘汰率最高可达百分之八十。

来“猎人学校”之前，何祥美曾在自己的日记中写道：“士兵，是一个特殊的职业和群体，一个人当几年兵，是为国家尽义务。但是要当一名能打赢仗的合格士兵，得有职业精神和职业担当。”能参加“猎人学校”的士兵都是千里挑一的精兵。这里考验的不仅是一个人的体能，还有他的精神意志。

训练基地门口的每面旗帜都对应来自不同国家的士兵。“猎人学校”允许队员主动放弃，不管何时何地，只要亲口说出“I give up（我放弃）”3个字，立刻就能脱下满是污泥的迷彩，扛起背包走人。不过，不论是淘汰还是主动退出，所属旗帜都会被降下。

何祥美说：那种逃离，就像逃掉的猎物，而不是猎人。猎人与猎物，一字之别，但这些从千军万马中选出来的军人，谁又甘当落荒而逃的“猎物”呢?

武装越野中，身高只有1.69米的何祥美，背着25公斤的装备持续跑完27公里；渡海登陆时，他赤臂游泳1万米，10公里武装泅渡只需2个半小时；空中攻击时，他能驾驶新型战机长时间超低空飞行执行任务；悬崖攀登时，40米高的陡崖峭壁，他手脚并用第一个登上顶峰；丛林潜伏时，他冒着高温酷暑，毒蛇从枪管上爬过也一动不动，创造了连续潜伏时间最长的纪录……

“猎人学校”毕业前的最后一次考核是“孤岛生存”。这是一次高强度、高难度的野战生存训练，战士们要负重50多斤，在一个孤岛上完成作战任务。每人三两米、一两盐，要在荒无人烟的岛上生存7个昼夜。

登上小岛后，何祥美他们才发现这里没有淡水。为了生存他们只能蒸馏海水——反复地煮海水，上面用一条毛巾吸收水蒸气，然后再过滤，就可以饮用了。另外，早晨岛上的草丛里有露水，何祥美就把毛巾绑到两腿上，来回在草地里奔跑，回来后就有淡水喝了。为了能搜集到更多的水，何祥美在地上挖坑，然后铺上塑料薄膜。不久，一场大雨倾盆而下，就这样把喝的水搜集够了。

不过，食物来源又成了难题。岛上的野菜已经都挖光了，何祥美小时候在山里放羊，知道哪种草可以吃，哪种草有毒，哪种草是解药。当时，一位战士得了痢疾，何祥美就帮他找来草药给他吃，结果给治好了。野菜不够后，他们又下海找海草、上树掏鸟窝、钓海鱼、捞海蛎子。

为了生存，何祥美像原始人一样生吃过带血丝的蛇肉，又腥又涩的海蛎子，眼睛一闭硬是吞下去了。石缝里的海蟑螂，浑身是长长的脚，往嘴里一放，喉咙里感觉毛茸茸的，胃里更是翻江倒海，但他强迫自己往下咽。

7 天后，终极战士何祥美终于完成所有训练，可以毕业了。在飘着紫荆花香的土路尽头，猎猎军旗下，何祥美的名字被“猎人学校”永久地铭刻在一块红褐色的石碑上。

英雄的背后有很多故事，荣誉的背后是更多的艰辛。何祥美一次次地完成任务，赢得比赛，都是用一滴滴的汗水、一道道的伤疤、一番番磨难换来的。

“当打得赢的兵。最舒服的永远是昨天。”无数的磨难，在一个士兵这一单纯而又强大的信念支撑下被撕得粉碎。

经严格考核，何祥美作为全营唯一的新兵，破格参加翼伞训练。按照部队规定，翼伞队员必须是跳过 30 次以上降落伞的老兵，而何祥美仅跳过 12 次。

试跳那天的野外训练场，天气阴晴不定。

“跳还是不跳？”现场指挥员犹豫不决。

“我来试跳！”何祥美挥臂而出。“跳！”当直升机飞临千米高空时，指挥员一声令下。何祥美应声而跳，就在跳出舱门的下一秒，意外发生了——主伞打不开！

地面上，所有人的心都悬在了半空中！

“打开备份伞！”地面指挥员通过对讲机不停地呼叫。

飞速下坠的何祥美此刻异常沉静：如果直接打开备份伞，很可能与主伞缠在一起，那样危险更大。时间在流逝，虽然只有几秒，但是何祥美感觉过了好久。他在空中飞快地思索着应急方法。

就在坠落前的9.7秒，何祥美果断地割掉主伞，打开了备份伞。“哗！”备份伞向上张开，洁白的伞像鲜花一样绽放在空中，如猎鹰一样的何祥美盘旋而下。

陆地和天空已经难不倒何祥美了，但是如果想成为三栖精兵还必须接受大海的考验。

潜海是一项高难度、高风险课目，稍有不慎，水压便会对人产生致命伤害。所以，每个国家的潜海战士必定也是精英战士。“世界十大特种部队”之一的美国海豹突击队就是一个范例，海豹突击队现已成为美国实施低强度战争、应付突发事件的杀手。而全美军也只有200多名现役海豹突击队战士。

深秋时节，乌云翻滚，咆哮的大海卷起层层巨浪。穿戴好潜水装具的何祥美，第一个跳入冰冷的海水。

1米、2米、3米……当何祥美潜入到水下7米时，顿时感到胸口发闷、呼吸艰难。他紧咬牙关，不断调整身体状态。

当何祥美潜到水下12米时，耳机里终于传来“完成任务，迅速上浮”的指令。然而，他并没有上去，而是继续下潜、下潜。尽管胸口发闷，呼吸困难，耳膜和鼻子几乎要爆炸，但他仍然不断做着加压动作，持续下潜到30多米深的海底。蛟龙般腾出海面的何祥美没有想到的是，他是这支部队唯一完成下潜到30米潜海标准的队员。

枪王之王

2009年12月21日，部队举行实战观摩表演。100米外的啤酒瓶、300米外的气球、700米外的人像靶，被身穿迷彩服的枪王何祥美一枪崩掉一个，弹无虚发，干脆利落。

狙击手，是何祥美的主要专业，而到达神枪手的境界，凭得全是一股韧劲。只有初中学历的何祥美硬是啃下了《射击学》、《终极狙击手》等8本厚厚的专业书籍。

有人说神枪手是用子弹"喂"出来的。"对于一个真正的狙击手而言，不长脑子，仅靠子弹是'喂'不出来的。"何祥美说。

当兵10年，艰苦的训练在何祥美身上留下了30多处伤疤。可他却总是说，知识不足才是自己最大的硬伤。

报名参加全军自学考试，边训练边读书，3年时间何祥美学完了30多本大中专教材，通过了15门课程考试，拿到了大专文凭。2004年，他通过了计算机等级考试，获一级证书。

何祥美的兜里总是揣着一个手掌大的笔记本，每次射击后，他都

◎何祥美在给官兵讲解狙击要领

会把训练数据、经验教训和体会感悟仔细记下来，一周分析一次，一月小结一次。日积月累，10 年来一共记了 12 本 9 万多字的训练笔记。

狙击手要想百发百中，必须考虑风速的影响。一般的战士手里都有个“风速修正表”，对照表格就能查到射击应当修正的误差。但何祥美从来不带这张表。上千个射击参数都印在他脑子里了，在实践中用心揣摩。如今，他只要抬头一瞟，只需几秒就能判定风向、风速，目测出目标距离和高低角，得出正确的修正值。其结果和测量仪对比，误差接近于零。

深秋的一天，狙击手集训队组织对 200 米外的头像靶射击，一组新学员的弹着点全部偏左。校枪，没问题；天气，没有问题。教练员大惑不解。

何祥美走过来，趴在这组卧倒射击的学员跟前看了一会儿，说：“学员击发动作犯了同一个毛病，击发的瞬间手腕都贴在弹匣上，食指扣动扳机时，手腕上的筋腱会触动弹夹，子弹就偏了。”

“真的假的？我怎么没听过有这样的理论。”见多识广的教练员有点不信。何祥美不急不恼，让学员纠正动作后再射击，弹着点果然回到了靶心！

“真神了，何祥美果然是枪王之王！”射击场上响起一片称赞声。

除了狙击步枪外，何祥美还精通匕首枪、微型冲锋枪、手枪等八种射击武器，在 200 米距离内指哪打哪，枪枪命中要害；手枪射速从拔枪、上膛到击发，仅需 0.58 秒。用神乎其神来形容他的枪法一点都不过分，这都得益于日常练习的点滴总结。

2006 年，何祥美和教练员共同编写了一部《狙击手培训教材》，在南京军区部队推广。洋洋洒洒 30 余万字，既有大量的图样数据，又有经典的案例分析。南昌陆军学院一位射击学教授看过教材后，大加赞赏：“这是真正的专业水准！”

8 月，何祥美有了新的想法，由于对目标靶的日渐熟悉，觉得旧标靶没有了挑战性。于是，他在靶上分出 5 个方格，每个方格的靶心由原来的 10 厘米缩小成 2 厘米，训练中随机指定射击区域，在增加了训练难度的同时，也有效提高了狙击手的射击水平。

反恐演练中，狙击手须要隐蔽在汽车底盘下和阳台缝隙等扁平空间，何祥美发现狙击步枪的瞄准镜无法正常使用。回来后，经过反复试验，他创造性地总结出“枪面偏转射击法”。

美国的狙击手在索马里海域 3 枪爆头狙杀了 3 名海盗后，曾说道，只有我们的狙击手能在浮动的船上爆头。事实上，曾担任过何祥美狙击教练的李治军说：“早在 2007 年，在何祥美的建议下，我们就进行过海上狙击试验。320 米的距离，6 个晃动的小气球，依托橡皮艇 6 枪全部命中！”

随着人民解放军从机械化半机械化向信息化转型，随着大批高新技术武器陆续装备部队，这支军队从来没有像今天这样，如此渴望并塑造着一批又一批高素质士兵。何祥美对世界各国狙击步枪的产地、性能、构造，全连大大小小 600 多件作战装备，小到卫星定位系统，大到山地越野车，他都能如数家珍。

我就是一个兵

像许多新战士一样，何祥美苦闷过、动摇过；也像许多新战士一样，在组织和战友们的教育帮助下，在学习党的创新理论的感悟中，他懂得了当兵干什么、奉献为什么，很快由苦闷转为振奋、由动摇转为坚定，在艰苦环境中扎下了根。

2001 年冬天，何祥美面临军旅生涯的第一次抉择。两年的服役期已满，走与留摆在了他的面前。父亲考虑到家庭需要，强烈要求他退伍，身体不好的母亲也希望他回去照料。当公司老板的姐夫打来电话，

让何祥美回去跟着他干，一起发家致富。

“没有部队的培养，就没有现在的何祥美。我既是一个兵，就要为履行使命去奉献。”他爱自己的父母，也懂得离开就能过上更舒适安逸的生活。但部队多年的教育使他更加明白，军队是为保卫国家而存在的，没有军人的奉献就没有国家的安宁。何祥美作出了留队转改士官的决定。

一转眼，3 年的兵役期满。2004 年 12 月，是走是留，再一次摆在了何祥美的面前。

此时，何祥美已经成了部队里数一数二的训练尖子，他过硬的“三栖”作战本领和绝杀技能，赢得了地方不少单位和企业老板的青睐，有以 8000 元月薪和一套三室二厅住房的待遇聘用他的，有希望以 20 万年薪请他当保镖的。“只听说有赚钱上瘾的，还没听说过当兵当上瘾的。”一位遭到拒绝的老板直言不讳。

是留在部队过艰苦的军旅生活，还是退伍过舒适安逸的日子？何祥美认为，自己这一身本领是部队给予的，人生精彩的舞台是军营。他又一次选择了军营。

2007 年，当兵的第八个年头，何祥美的绝杀本领更是名声在外。这年 11 月的一天，国家某部门一位领导在厦门参加会议后，慕名专程来部队观看何祥美狙击射击表演。这位领导看了何祥美的精彩射击后，对陪同的部队领导说，“能不能让这个‘枪王’退伍，到我们单位工作？”部队领导说：“能到你们部门工作很好，但我们部队也需要这样的人才，这要征求他本人的意见。”何祥美知道后，毫不犹豫地谢

◎何祥美(右一)在与连队战士交流射击体会

绝了。

“作为一名军人，服从命令是天职。当兵第5年复员前，连长说连队教学力量需要你，你不能退伍，我就留了下来。干到第8年的时候，当时部队需要狙击手教员，培养更多的人才，我又留了下来……”何祥美话语平实，平实之中透出的却是一名士兵的坚守。

在抵御纷至沓来的各种“诱惑”中，何祥美当兵之初时的朴素信仰，也磨砺得更加成熟。“我就是一个兵。”何祥美面对诱惑淡然一笑，“当一辈子兵不好吗?”

就是这样一名平平凡凡的士兵，却做出了不平凡的事。2006年，上海举行“上合组织峰会”，何祥美与另外5名狙击手奉命接受安保任务。一到地点，作为头号狙击手的何祥美提出，要对执行任务的6支狙击步枪重新校验。

但是，上海警方此前已出台规定，为了保证绝对安全，“峰会”期间任何单位都不准射击。警方断然拒绝了何祥美的建议。

“必须校枪！枪支在运输过程中在火车上来回晃荡，肯定会影响射击精度。”何祥美坚持自己的想法。

面对何祥美的坚持，主办人员只好向上级汇报，公安部认真考虑了何祥美的意见，认为他言之有理，马上做出批示，允许校枪。

何祥美是对的。校验的结果是6支即将执行任务的狙击步枪，弹着点全部偏低，原因也和他说的一模一样。这令在场的上海警方大吃一惊，对面前的小个子士兵产生了钦佩之情。

何祥美如是说：“作为狙击手，在战场上扣动扳机的机会只有一次，如果不能一枪毙敌，牺牲的就不仅仅是自己。”人们从这样的回答中，也领悟到一个士兵真正的价值！每个人心中都为“峰会”安保有这样的士兵感到欣慰和自豪。

狙击英雄——张桃芳

张桃芳和成千上万的狙击手为停战协议签署做出了巨大的贡献。”

——一部反映抗美援朝战争的纪录片中的评价

◎张桃芳

张桃芳，1931 年出生，江苏省兴化市人，1951 年 3 月加入志愿军。抗美援朝战争中，在 537 高地创下击杀 214 名“联合国军”官兵（主要是美军）的纪录。1953 年，志愿军总部为其荣记特等功并授予“二级狙击英雄”荣誉称号，朝鲜最高人民会议常务委员会授予他“一级国旗勋章”。

知耻而后勇

1950 年 6 月 25 日，朝鲜战争爆发。美帝国主义打着“联合国军”的旗号把战火烧到了鸭绿江边，严重威胁了中国国家安全。10 月 19 日，应朝鲜政府的请求，中国政府组成中国人民志愿军，援助朝鲜政府抗击美帝国主义侵略者。

期间，国内掀起了抗美援朝运动，民众积极响应国家号召，参军参战，捐钱捐物，发展生产，热情空前高涨。张桃芳当时正值血气方刚的年纪。19 岁的他和很多热血青年一起毅然加入了中国人民志愿军，决心“抗美援朝，保家卫国”。

1952 年 9 月 2 日，一纸调令，张桃芳所在的志愿军第 24 军从驻地开拔，奔赴朝鲜战场。在鸭绿江边，在江面用木板临时搭起的浮桥上，张桃芳频频回头，忍不住想多看祖国一眼。同行的很多战友都和他一样，以这种方式与祖国母亲道别。

过了鸭绿江，志愿军第 24 军一路马不停蹄，准时赶到了朝鲜的战略要地元山，军队接到命令要在此进行驻防。这时的朝鲜战场正处于停战状态。在此地的一个小村庄里，军队趁着战场上暂时的平静，进行了入朝以后的第一次练兵，内容是打靶，张桃芳所在的 72 师 214 团 3 营 8 连首先接受任务。

张桃芳第一次使用“水连珠”时，以为很容易上手，便没有把打靶训练当回事。结果，他吃了眼高手低的亏。当时，每人三发子弹，三次机会。“啪！啪！啪！”三声枪响后，打靶的结果出来了，张桃芳一颗子弹都没上靶，连长不留情分地说：“张桃芳三枪脱靶，吃了‘三个大烧饼（零分）’”。张桃芳不死心地说：“是不是枪有问题?”军械员当场明确地回答：“枪是经过我们认真测试过的，都没有问题。”听完这句话，张桃芳当时就羞红了脸惭愧极了，真想找个地缝钻进去。不过，正是这件令他感到耻辱的“三个大烧饼”，彻底改变了他的人生。

“水连珠”指的是莫辛－纳甘非自动骑步枪。这种枪每扣一次扳机，都要再拉一次枪栓，然后才能再打。如果第一次射击失手，基本上没有补中的机会。但相对于军中其他武器装备而言，它的射击准确性较好，而且特别耐寒，被志愿军战士亲切地叫做“水连珠”。当然，初次使用这种步枪的人很难掌握射击诀窍。如果不苦练，不摸透它的“脾气”的话，根本打不好。

张桃芳打上次被“水连珠”摆了一道后，他发誓一定要破解“水连珠”的“秘密”。他常对着“水连珠”琢磨：以前用“三八大盖”那种破枪，自己三枪至少打 20 多环，怎么换了这种步枪，就成了零环？后来，经过一番思量，他认为大概是自己“对这种枪还没悟透”，狙击手应该视枪为朋友，摸透脾气才能随心所欲，可眼前这枪和自己还是陌生人。

想要和枪“培养感情”就得和它长时间相处，想要练就一手好枪法靠得是日积月累的训练。张桃芳在随后的日子里基本上处于一种“枪不离身，身不离枪”的状态。并且他有更加远大的目标：不仅要一扫“三个大烧饼”的耻辱，还要成为一名优秀的狙击手。

要成为一名狙击英雄，在很大程度上要靠天分。关于这一点，张桃芳称得上是天生的狙击手。他的天分，在后来的实战中会逐渐显现出来。不过现在的他还是欠火候，还需要努力，需要全身心地投入到对“水连珠”的钻研、练习和感悟上来。

在以后的日子里，为了练习举枪速度，张桃芳像上了发条一般，老是端起枪，再放下，再端起，再放下，这样反复练习，一练就是一个小时。

为了练习瞄准，白天，张桃芳把远近不同的各种物体都当成目标，枪膛里没有子弹，只是不停地击发，争取做到在最快的时间内瞄准目标。

夜晚降临，他开始练习夜视能力，加大了瞄准的难度。坑道中微弱、飘忽的油灯灯光，成了张桃芳练习瞄准的靶心。这个目标比起白天的树木山石更不容易把握，山石是死的，而灯头儿忽大忽小，忽高忽低。张桃芳就直勾勾地瞄着那灯光。练到最后，就连百米外草叶上的虫子他都能看得见。

与其他步枪相比“水连珠”拥有更远的射杀距离。然而所有枪械都有缺点，“水连珠”也不例外，它的缺点是，声音响，后坐力大。声音响很容易暴露目标，后座力大不易连续射击，不好掌握射击时的精准度，子弹出膛时即使稍有一丝的偏差，就会同 200 米处的目标拉开一米开外的误差。张桃芳苦练的重中之重是：在举起步枪扣动扳机的瞬间，手臂、身体要稳如磐石般一丝不动。

如何做到身体稳若磐石？张桃芳规定自己在击发出一颗子弹后，停顿下来思考，连手指都不能离开扳机。然后就像雕像一般观察目标，并且要看清楚准星（用来瞄准目标物的装置，大都位于枪炮管口上部）是如何跳离目标稳定下来的。

为了让臂膀更加稳定、更加有力，达到举重若轻的境界，张桃芳把破旧床单撕成两片，里面装上沙土缝制成两个沙袋，挂在胳膊上。练到最后，他悬着十几公斤沙袋的两臂纹丝不动，仍能用手指不差分毫地扣动扳机。

另外，张桃芳虚心学习前人的经验，一有空闲他就向老狙击手请教射击要领。别人休息时，他不是回忆射击时的细节，就是端着枪瞄个不停。功夫不负有心人，经过这样一番刻苦钻研和训练，终于，在一次狙击作战时，张桃芳击毙了一名美国兵。

初露锋芒

狙击手对于朝鲜战场多山的地形十分头疼，因为这对把握射击提前量十分困难。作为一名合格的狙击手必须要根据山地的坡度、对手的高度、目标的运动方向和速度来确定瞄准点。所有这一切必须经过多次的磨合训练，才能达到枪人合一，百发百中的地步。张桃芳深知这一点，也通过训练达到了自己所要求的理想境地。

进入上甘岭阵地的第 18 天，张桃芳第一次趴到了射击台上。

作为一名狙击手，得先学会隐藏自己。张桃芳明白这一点，他把自己埋在雪地里，只露出两个眼睛和缠着白布的枪管。接下来就是等待，像猛虎袭击猎物前隐藏在草丛里，等待最佳时机扑向猎物。

天色大亮的时候，正南无名高地的一个地堡里，钻出两名敌人。

张桃芳调整了一下呼吸，估算好距离，果断地射出了第一枪，前面的敌人应声倒下。随后，他拉动枪栓，子弹上膛，第二枪又响了，后面的那个美国兵刚要转身，还没迈出第一步，第二颗子弹已钻进他的胸膛里。“打得漂亮！两个美军都被你打中了，躺在地上一动不动。”附近的观察员兴奋地说道。张桃芳心里暗自高兴，但他没有说话，麻利地上好枪膛，眼睛并没有离开准星，注视着敌方阵地的一举一动……

张桃芳堪称一位天生的狙击手，在不到两个星期的时间里，他神速地适应了自己的角色。2 月 10 日，张桃芳击发 9 次，射杀敌军 7 名，成绩超过了所有的老狙击手。到 2 月底，他用 22 天时间 247 发子弹，打死了 71 个敌人。

“他是打猎出身吗?”“他用的是什么枪?”军长听完士兵们的汇报后疑窦顿生。他从床底下拿出一双皮靴，对作战参谋说：“把它带上，去 8 连看看那个张桃芳。如果他是连着消灭 3 个敌人，要是真的，就送给他；要是假的，就拿回来。”

作战参谋带上皮靴到了前沿阵地，找到了张桃芳，传达了军长的指示，却没有提及皮靴一事。

雪地里，寒气袭人，就听见一声枪响，一个敌人应声倒下。紧接着，敌人的一个哨兵又被张桃芳击中，随即敌人的狙击手也开火了。参谋不敢抬头，怕暴露目标，又担心张桃芳的安全，正思忖着张桃芳在这种不利的情况下还能不能杀敌军时，远处一声枪响，打消了他的顾虑，原来张桃芳早已转移到另一处狙击位置，消灭了第 3 个敌人。

军长的皮靴被挂在了张桃芳的脖子上。他舍不得穿，珍藏了起来，脚上仍旧穿着一双破棉鞋。

为了继续“深造”，连干部把张桃芳送到团里办的射击训练班。在这里，他同另外 27 名狙击手成了同一个战壕的兄弟。

在训练班中，他与其他狙击手们相互交流体会，经验和技术得到了进一步的提高。训练班结束后，团长亲自考核射手们的枪法。轮到张桃芳时，他没有打靶子，而是用五枪打落四只飞鸟，让在场的每个人惊讶得合不拢嘴。

在 28 名高手云集的训练班里，还流传着许多不成文的作战经验：敌人要去洗澡时，待脱下一条裤腿再打；对于到外面拉屎的敌人，等他蹲下后再打；坐汽车的，瞄准停车点，第一个人刚起身时连续打……张桃芳他们注定是“联合国军”的噩梦。

震慑敌胆

1953 年 1 月 11 日深夜，24 军顶着零下 37 摄氏度的低温，匆匆开赴上甘岭。张桃芳跟随部队，到了阵地最前沿的 597.9 高地。虽然眼前一片漆黑，但空气中弥漫着火药、焦烟、尸体混合到一起的呛人气息，让人心惊。

张桃芳站了一夜岗，天明时才发现，自己倚靠的掩体竟然是用美国兵的尸体垒起来的！此时，朝鲜的严寒已经把这些尸体冻得像砖头一样坚硬。朝鲜中部金化郡五圣山南麓，有一个十余户人家的小村庄，已经因为一场血战而化为焦土。

上甘岭战役，从 1952 年 10 月 14 日打到 11 月 25 日，历时 43 天。双方在面积仅有 3.7 平方公里的两个高地进行了激烈的争夺，共发射炮弹超过 230 万发，双方伤亡约 3 万人，上演了现代战争史上空前惨烈的一幕。597.9 高地也由此被称为“伤心岭”。

雪地里，张桃芳等待着，但是目标出现的几率却越来越小。战场上寂静难耐，危险却在悄悄临近。为了对付狙击手，美军将大量炮兵观察员调往前线，而志愿军方面还毫不知情。

黄昏时分，班长吕生堂开始生火做饭，一缕炊烟从战壕里缓缓飘起。张桃芳马上提醒说：“快灭掉火，炊烟会暴露目标的，等到晚上

再生火，就没事了。”吕生堂不听劝告继续做饭。在别人连队，张桃芳也不好再说什么，扭头向宿舍走去。没过多久，张桃芳只听外面“轰轰”两声，一个士兵跑进来说，班长吕生堂被炸死了。

敌军炮火覆盖得极为准确，一定是有炮兵观察员在精准地报告目标方位，指挥炮兵攻击。联想到对面阵地上新增的地堡，张桃芳意识到，必须尽快解决掉这些威胁。

观察了一整天后，张桃芳于次日黎明登上1号狙击台。1号狙击台，是一块巨大的青石，青石的两侧各放了一支枪，这样，同一块阵地可以变换角度射击，而大青石可以当做掩体。

地堡里有人出来了，和前天一样，那人反复地试探，直到确认没有危险之后，才登上了制高点。张桃芳注意到，那个人的手中有什么东西晃了一下。望远镜，果然是个观察员！

张桃芳先是按兵不动，直到对方第四次出来的时候，才扣动了扳机。他的观察员在电话里告诉他，“老张，打着了，躺在那儿不走了。”张桃芳没有换地方，再次探出了头。经过前天的观察，张桃芳知道，对面的炮兵观察员绝对不止一个。

果然，目标再次出现。这回出来的美军，不但没有躲藏，反而围着地堡转圈跑了起来。

与直行的目标不同，对于绕着圆形地堡跑的大兵，非常难以计算提前量。“这是给我出难题。”张桃芳猜想，目标是在有意吸引狙击手暴露位置，可要放弃这块肥肉，他又不甘心。

“好，我选个地方专门等你。”张桃芳耐住性子，琢磨着对方走路多快，人有多高。每当对方接近张桃芳预定的伏击地点时，他都要用没上子弹的枪击发一下，看能不能和对方的速度吻合，就这样连续校正了三次。

“送你回家睡觉去。”张桃芳心里想着，随即子弹出膛，得手了！敌人应声倒下。这天，总共有三名炮兵观察员被消灭，这无异于毁掉了敌军炮兵的眼睛。

除此以外，张桃芳还连续在 800 米外，两次击发成功，创造出志愿军中最远射杀纪录。

从这之后，张桃芳更是一发不可收，每次出战均有斩获，很快闯过了毙敌 100 名的大关，在志愿军的狙击手中崭露头角。

随军记者把他的事迹登上了报纸，张桃芳的事迹在战友中间广为传诵。不过，对张桃芳狙击技艺最大的肯定，还是来自敌人方面。尽管敌人不知道张桃芳是何许人，但 597.9 高地有位志愿军狙击手，枪法非常刁钻，对面阵地上的美国兵们却一清二楚，也恨之入骨。于是，“联合国军”马上调来了非常厉害的神射手，准备反制张桃芳。

高手对决

真正的高手对决，胜负只在瞬间。初夏的一天，张桃芳一早就上了阵地。他沿着战壕走进三号狙击台，就在这时，他听到了一阵“毒蛇吐信”的声音，他下意识地低下头，于此同时，一串机枪子弹贴着他的头皮飞过，“好险啊，差点就被射死。”紧紧趴在战壕里的张桃芳暗道。这突如其来的射击，让他的神经陡然紧张，感到了一种异样的气氛。“今天苗头不对，看来对面早就有人在等我，真是用心良苦。”直觉告诉张桃芳将面临挑战了。

张桃芳对战术运用很灵活，这也是他能成为一名狙击手并且一直活下来的原因。为了引诱敌人暴露位置，张桃芳把帽子摘了下来，用步枪将它顶起露出交通沟。以帽子做饵就是他引诱敌人的战术之一。可是露出壕沟的帽子并没有招来子弹，他的对手却一枪未发，很显然也是一位经验丰富的射手。

“总算遇到对手了，这种小把戏糊弄不了他。”张桃芳暗道。他在

沟里匍匐前进，到了战壕的尽头，突然窜起，几个箭步穿过一段小空地。他刚要进狙击台，对面的机枪又是一个点射，子弹紧追着他的脚跟，打得地面尘土飞扬。张桃芳双手一伸，身子一斜，像被击中似地摔进了左边的掩体里。装死也是张桃芳的战术之一。

张桃芳的假动作显然蒙骗了对面的神射手，机枪暂时停止了射击。张桃芳慢慢地从掩体里探出头，开始搜索对面阵地。他先仔细观察了美军阵地上的机枪掩体，发现有两挺机枪正向其他方向射击。张桃芳没有出枪，因为他明白，这也是对方的诱饵，真正的对手肯定躲在其他地方，也在搜寻他的位置。只要他一开枪，马上就会引来杀身之祸。张桃芳很清楚，自己此刻的目标只有一个，就是对面那个最狡猾也是最可怕的敌军高手。

张桃芳耐心等待着，凭借鹰隼一样的双眼进行“地毯式搜索”，终于在对面山头上两块紧挨着的岩石缝隙，发现了对手的位置。张桃芳立即举枪，瞄准，整个动作一气呵成，不出意外下一秒钟敌人就会躺下。然而就在他将要扣动扳机的一刹那，对手也发现了张桃芳，同时把脑袋一偏，迅速脱离了张桃芳的枪口，紧接着手中的机枪就吐出了火舌。张桃芳再次被压制在掩体内。一个回合下来，两人都清楚对方不简单，彼此都打起了十二分的精神。

对方的机枪枪口始终对准了张桃芳的狙击台，几秒钟就是一个点射。张桃芳稍微露头，就会立即引来一个长点射。张桃芳没有着急，坐在掩体后面，静静地观察着对手的弹着点。

一阵点射过后，张桃芳发现对面的高手把子弹主要射在掩体左侧，也就是自己所隐藏的位置，而对掩体右侧打的次数不多，并且中间常常会有一个间隙。虽然敌人懂得用点射来压制对手和掩护自己，但是多次点射后却暴露了自己射击的规律，这让张桃芳有了可乘之机。他在沙袋的掩护下，慢慢地爬到了掩体右侧，轻轻地把步枪紧贴着沙袋伸了出去，但没有开枪，因为他需要判定这究竟是对手的真正疏漏，还是设下的一个圈套。

有人把狙击手比作是眼镜王蛇，这是因为这种蛇在捕猎时往往要蛰伏很长时间，一动不动像是死物，可时机一到，它会突然发出致命一击，瞬间制服猎物。十几分钟过去了，对于生死悬于一线的战场，这十几分钟相当于十几天。这无疑是一场“鏖战”，而耐心是狙击手必备的素质。一切的等待都是为了出击那一瞬间，这一瞬间将决定生死成败。机枪的弹着点表明，对手的确没有发现张桃芳已变换了位置。时机终于到了！当他的对手刚刚对掩体右侧打了一个点射，把视线和枪口转向左侧时，张桃芳猛地站起身，枪托抵肩，眼睛、枪和目标连成一线，打出一颗子弹。几乎与此同时，他的对手也发现了张桃芳，立即转动枪口扣动了扳机。

张桃芳的子弹比对手快了零点几秒。就是这零点几秒，决定了两位的结果。当张桃芳的子弹穿过对手的头颅时，对手点射的子弹却贴着张桃芳的头皮飞了过去。

在上甘岭狙击战中，张桃芳凭借一支不带任何光学瞄准设备的“老式骑步枪”，单兵作战 32 天，击毙 214 人。一个不曾接受过任何正规战术训练的新兵蛋子，成长为志愿军中冷枪射杀最高纪录的狙击英雄，成为名副其实的狙击之王。

更难得的是，张桃芳击发 442 次，毙敌 214 名，而自己却毫发无损，全身而退。从朝鲜战场回国后，他再一次脱颖而出，成为新中国培养的第一批新式战斗机飞行员，在经历了上千小时的飞行后，依然保持着零事故、零伤亡的记录。

飞行退役后，张桃芳进入潍坊空军某师担任政治教导员。他于 1980 年退休。2007 年 10 月 29 日 22 点，张桃芳因病医治无效在潍坊逝世，享年 77 岁。

空中英雄——张积慧

应该在攻击敌人的每一分钟里，记住董存瑞舍身炸碉堡的精神和榜样，要鄙视、蔑视美帝国主义，在敌人面前要表现出一个共产党员的英雄气概！

——张积慧

◎张积慧

张积慧，1927 年出生于山东省荣成市。1945 年参加八路军并加入中国共产党，1951 年参加中国人民志愿军入朝作战，任志愿军空军第 4 师 12 团 3 大队飞行队长、副团长、团长。1958 年，张积慧任空军航空兵 6 师 18 团团长，到 1973 年 5 月，担任空军副司令员。他先后荣立特等功 1 次，一等功 2 次，二等功 1 次，空军授予他“一级战斗英雄”称号。朝鲜方面授予他二级自由独立勋章。1990 年，张积慧以大军区副职待遇，离职休养。

贫农的儿子

荣成市毗邻大海，张积慧生长在靠近海边的一个叫桥上村的村子里。父亲是一个贫苦的农民，全家 7 口人，靠仅有的三亩多地生活。每年的收成，一半都给地主了，剩下的粮食远远不够一家人吃，张积慧的一个姐姐就是饿死的。更不用说享受其他的物质生活了，就连穿件像样的衣服对年幼的张积慧都是奢侈的事。他只能穿哥哥姐姐穿小了的破衣服、旧鞋子。衣服上都是补丁上再打补丁，没有一件完整的。

张积慧 11 岁那年，看到别人家的孩子上学，心里好生羡慕。可是当时的社会，穷人根本没有钱供孩子上学。穷人被人瞧不起，好像穷人的儿子就应该去种地、放羊、做佣人。张积慧实在是压抑不住想上学的冲动了，可他不敢找父亲，只能偷偷地找母亲哭诉。母亲虽然知道儿子想上学的想法是对的、是好的，但是家里穷得揭不开锅，哪还有能力供他上学呢？母亲觉得对不起儿子，含着眼泪说："都怪娘亲没本事，让你吃不饱饭，更没有钱供你上学。儿啊！你下辈子转世一定要投个好人家，别再跟着我受罪了……"听到母亲这么说，张积慧哭着劝道："娘！我不要读书了，我要永远做你的儿子，什么好人家、富人家都没娘你好。"

后来，张积慧如愿以偿地上了学，是母亲通过给地主家做帮佣供他上的。小小的张积慧暗暗下定决心：长大一定要有出息，做个顶天立地的男子汉。好好孝敬母亲，不让母亲的心血白费。

后来，八路军来到了山东，解放了山东的大部分地区，也包括张积慧的家乡。在解放区内，共产党领导的八路军打倒了地主恶霸，建立了民主政府。这时候，张积慧再也不怕没有学上了，也没有人看不起他了。一家人有饭吃、有衣穿，还分到了地主家的良田。父亲当上了村里的农会委员，张积慧也当上了儿童队队长。

在共产党的政策下，张积慧读完了高小，考上了中学。

1944 年，日本侵略者在作投降前夕的疯狂挣扎，鬼子拼命进攻抗日根据地和解放区，到处杀、烧、淫、掠，实行"三光政策"。年少热血的张积慧此时恨不能把日寇全部杀光。他选择离开学校，参加了八路军，以一腔热血奋勇杀敌，来报答党和人民。不久，张积慧如愿加入了中国共产党。

鹰击长空

为了培养人民空军的飞行员，中国共产党于1946年1月1日成立了“东北民主联军航空总队”。同年3月1日，该队改为“东北民主联军航空学校”。

由于在军队表现出色，加上身强体壮，张积慧被“东北民主联军航空学校”录取。听到消息后，张积慧兴奋得手舞足蹈，这是多么令人振奋的消息啊！要知道，中国人民在过去的20多年的战斗中，不论是对国民党反动派，还是日本鬼子，由于没有自己的空中部队，常常处在被动挨打的境地中。现在有了自己的空军，这对驱除侵略者、保家卫国的帮助毋庸赘言了。张积慧在学习飞行的第一天就下定决心：一定要成为一名出色的空军，有朝一日，驾驶驱逐机让来犯之敌有去无回。

当时，全国并没有全部解放，党和军队没有好的训练场地、好的师资条件，空军训练只能是在摸索中前进。空军校长亲自给他们上飞行课，从最开始的飞机驾驶基础教起，还包括认知飞机的构造原理、飞行原理、控制装置、飞行设备等等。校长教得很仔细，学员学得很认真。

当时，正值严冬季节，气温降到零下40多摄氏度，冰天雪地，寒风凛冽，学员们的手一接触金属，就被粘下一层皮来。航校的生活条件十分艰苦，不要说肉和油，连细粮和青菜也没有，吃的都是苞米窝窝头。张积慧和其他飞行员、机务人员开荒种地，冬天下河塘抓泥鳅，春夏挖野菜，秋天上山打猎。张积慧住的房子没有取暖设备，冬天夜里冻醒了，就裹着被子在屋里转圈。

张积慧学得是驱逐机。一段时间后，飞机上复杂的机器、仪表都被他一一掌握。最让他感到不易的，是如何灵活操纵这架庞然大物以及安全着陆。特别是操纵升降的油门，他下了很大力气才掌握。最初单飞时，张积慧由于出了一点小错误，被以“严厉”著称的飞行教官停飞。张积慧看到别人都放飞了，只有自己被“卡”下来，心里感到万分的难过和惭愧。他知道，飞行学员对自己不严格要求，那就是对国家、对人民最大的不负责。在教官的精心指导下，张积慧又刻苦练了起来。最后，他的单飞非常成功。

因为条件所限，东北航校的学员一般只飞行十几个小时就单飞，这在世界航空史上也是罕有的奇迹。东北老航校不愧是有中国特色的、中国人民航空事业的摇篮。

在一个晴朗的早晨，明媚的阳光衬托着湛蓝的天空，天上没有一片云，干净得像一面明镜。张积慧驾驶的飞机从跑道上疾驰而去，慢慢地机头向上翘起，像一只展翅的雄鹰飞升上了蓝天。与以往不同的是，这次他驾驶的是一架新式的战机——苏联米格 15 喷气式战斗机。这架战机飞行速度极快，仅次于声速，学员们喜欢称它为“燕子式”飞机。

张积慧驾驶这架新式的飞机，在祖国的天空中翱翔，看到机翼下美丽的山河、繁华的都市、整齐的田野，心里有种说不出的畅快和自豪。“这真是‘江山如此多娇，引无数英雄竞折腰’，为了祖国大好河山就算是肝脑涂地也值得。”张积慧不禁想到。

1950 年夏天，以美国为首的“联合国军”对北朝鲜发动了战争。不久，朝鲜人民军大败，美军又把战火烧到了中朝边境的鸭绿江边。张积慧响应“抗美援朝，保家卫国”的号召，主动请缨，参加了赴朝作战的志愿军行列。

来到朝鲜之后，张积慧在飞机上看到的是一片焦土，青山不在，良田化为乌有，不知道有多少朝鲜老百姓被炸死，多少人流离失所。他愤怒地咬着牙，发誓要为无辜的朝鲜人民复仇，把那些杀人不眨眼、在别人土地上行凶作恶的“强盗”消灭干净。

击落美国“王牌飞行员”

朝霞映照着雨后的飞机场。机场的起飞线上，静静地停着一排排银光闪闪的歼击机。它们好似一匹匹昂首挺胸的战马，严阵以待地等候英勇的骑士随时出征。

机群飞过鸭绿江上空，继续向军隅里飞去。忽然，飞在前面的张积慧发现，在远处天水相连的交际处有一道道白烟伸向远处。

“敌机！这是敌机拖的白烟！”张积慧以飞行员特有的敏锐迅速地判断出敌情，并立即向队长机报告：“301，301，前方发现敌机！”

“301 明白！”原来，队长机也同时发现敌机。

在美军机群的前面，是乔治·阿·戴维斯的战机。戴维斯，这位中校中队长，是 20 世纪四五十年代美国空军鼎鼎大名的“空中战鹰”。

戴维斯作为“王牌”飞行员被派来朝鲜战场后，被美军空军称为“志愿军空军的克星”，是美军空军中的“常胜将军”，每次有重要的任务都要派他去飞。今天戴维斯又率队出击了。

在朝鲜战场上的志愿军空军早就恨透了戴维斯，一直在寻找战机，准备严惩这个傲慢的“空中飞贼”，谁都想为死去战友们报仇雪恨。此时，美军的歼击机群也发现了志愿军机群，迎面向张积慧他们的机群扑来。

当张积慧爬上厚厚的云层时，眼前只看到一轮太阳，敌机一下子不见了。这样一来，他不仅丢失了目标，又脱离了编队机群，不过他没有心慌，而是继续保持着冷静。他仔细观察着周围随时会出现的如同鬼魅的敌机，并按蛇形的曲线飞行，以防敌人与后方偷袭。过了一阵，仍不见敌机的影子，张积慧就加快速度，率僚机（编队飞行中跟随队长机执行任务的飞机）向编队追去。

突然，一批敌机从前方的云层中直窜下来。该来的总会来，一架为首的飞机发着银光显得格外狰狞，驾驶它的正是戴维斯，他带领 8 架飞机以迅雷不及掩耳之势，做回旋飞行向张积慧的侧翼猛扑过来，一瞬间敌机就会锁定目标开始打击。此时的张积慧正处于不利的位置，敌机的突然攻击使张积慧大吃一惊，不过他很快镇静下来，随即猛然右转上升，一下子将敌机让到了自己的右下方。正要开炮的敌军 1 号机来不及反应，就从张积慧的后下方冲了过去。

敌人 1 号机飞行员冲过去后，一时找不到对手，茫然地将飞机提起。说时迟，那时快，张积慧在右转中迅速地率僚机向左反扣，反而形成了对敌机咬尾攻击的有利态势。

敌机飞行员戴维斯毕竟是久经沙场的高手。他见飞机被张积慧咬住，处境不佳，就拼命作机动摆脱。“刷!”戴维斯先是向下俯冲，到一定高度后迅速地拉起迎着太阳急速上升。

张积慧紧随敌机，却被太阳照得睁不开眼，只好暂时放弃攻击。他在心里狠狠地骂道：“好狡猾的家伙，还想玩花招，我一定要把你打下来。灭灭你们嚣张的气焰!”随后加大油门继续向敌机追去。

戴维斯见自己成功甩掉张积慧的飞机，心里暗暗得意。他见张积慧还没追上，就再次向下俯冲，企图从低空逃之夭夭。张积慧岂能放走敌机？张积慧乘敌机俯冲观察不便之机，向敌机猛然冲了过去。

戴维斯见势不妙，加速逃窜。张积慧一加油门，猛扑过去，2000 米……1500 米……两机的距离越来越近。

戴维斯握着操纵杆的手心湿了，头上大滴的汗珠淌了下来。爬高来不及了！俯冲也来不及了！只能照直朝前飞去。

张积慧像猛虎扑食一般，发疯似地尾追敌机。700 米、600 米……到达有效射程之内，张积慧已锁定目标，“发射!”只听一串炮响，从张积慧飞机上喷出三串火光，全部打在美国的 1 号机上。

敌机拖着长长的黑烟，一头栽到博川北面的山坡上，“轰”地一

声爆炸起火了。其他的敌机见戴维斯损机丧命，马上群龙无首，没了主心骨，乱作一团，只顾拼命逃跑。

张积慧迅速转向，从内半径向敌机逼近，在与敌机距离还有 400 米时，突然开炮，把一架敌机打得凌空爆炸。张积慧从座舱里转过头来看到：天空中，敌机的碎片纷纷扬扬地落了下去。他安全地着了地，四下看去，只见十几个志愿军士兵朝他跑过来。看到是自己人，张积慧这才松了一口气。

当天下午，美军基地收听到了志愿军的广播，证实了戴维斯已被击落，并当场阵亡的消息。那则广播说，上午的空战结束之后，志愿军的一支部队打扫了地面战场，从美机的残骸中找到了一把左轮手枪、一枚飞行员的不锈钢证章，上面刻有：第 1 联队第 334 中队中队长乔治·阿·戴维斯中校。

戴维斯被击落后，对美空军的打击实在是太大了。他所在的第 4 联队空军基地，一连三天举行了哀悼仪式，基地的美国国旗也下了半旗。美军远东空军司令威兰中将赶来参加了追悼仪式。他非常沉痛地说："戴维斯的阵亡，是一个让人难以接受的现实。"

在美国，戴维斯的夫人带着失去丈夫的悲痛，致函美国空军，提出了强烈抗议："为什么要让我的丈夫参加这样一场没有任何意义的战争？既然美国空军是世界上最好的空军，乔治又是美国空军中最好的飞行员，那么他为什么会死去？你们说得全是假的，你们全是一群骗子！"美国空军中，没有人敢站出来回答戴维斯夫人的质问。

后来，美军远东空军司令威兰回忆道："那一段时间，对远东空军来说是一个灾难重重的日子，我们就像是在黑暗之中，好像迷失了方向，好长的时间之后，才慢慢振作起来。中国空军对我们来说，一直是一个谜，他们好像一个晚上便学会了一切，飞行员只要很少的时间，就能够空战，他们好像在冥冥之中似有神助，对于我们来说很多事情不可思议！"

共产主义战士——欧阳海

如果需要为共产主义理想而牺牲，我们每一个人，都应该和可以做到脸不变色心不跳。

——欧阳海

◎欧阳海

欧阳海，1940年出生，湖南桂阳人。中国人民解放军爱民模范。他曾两次抢救落水儿童，一次参加灭火，并救出一位老人。欧阳海3次荣立三等功，多次当选为标兵。他在紧要关头，舍身将战马推出铁轨，自己壮烈牺牲，保住了旅客的生命和人民的财产安全。

立志参军

1940年，桂阳县的冬天来的比往年早。农历10月23这天，下起了入冬以来的第一场雪。

傍晚时分，大雪已经染白了欧阳家的屋顶。一阵婴儿的啼哭声打破了四周的宁静，这个刚出生的婴儿就是欧阳海。

然而，迎接这个婴孩的是水深火热的痛苦生活。当时国民党正在抓丁，家里有两个男丁就要抽一个去当兵。随着欧阳海的出世，哥哥

欧阳嵩很快就要被抓去当壮丁。

为了保住全家唯一的劳动力，父母瞒着伪保甲长和左右邻居，给小海取了个女孩的名字——欧阳玉蓉。谁知两个月以后，狡猾的保长还是把欧阳嵩抓走了。体弱多病的母亲抱着小海哭肿了眼睛，日夜盼着大儿子归来。有钱人家生儿子是喜事，欧阳海却是伴随着苦难来到了人间。

欧阳海 7 岁时就拿着打狗棍子跟着妈妈挨门乞讨。8 岁的欧阳海便挑起了生活的重担。寒冬腊月，他光着脚担着木炭沿街叫卖，卖了钱却都当成借贷的利息给了地主……

黎明前的黑暗终于过去了。1949 年，共产党解放了欧阳海的家乡，那些欺压百姓的地主、保长闻风而逃。欧阳海一家同所有人一样再不用受压迫了，他们有了自己的地，再不用讨饭、还冤枉债、卖儿卖女了。

这年，欧阳海 9 岁，他第一次感受到了人间的温暖。他热爱共产党，热爱解放军，他做梦都想成为一名手握钢枪的战士，为人民站岗放哨，保卫来这来之不易的幸福。

有一次深夜，来了一队进山剿匪的解放军，要找人带路。欧阳海抢着说："我去，我去！"他冒着风雪把部队送到目的地，恋恋不舍地说："叔叔，我跟你们去当兵！"战士们拍着他的肩膀亲切地说："你还小，扛不了枪怎么杀敌？等长大了再来吧！"

在五星红旗下，在新中国的哺育中欧阳海得以健康成长。怀着对党对政府无限感激之情，欧阳海积极地参加村里的工作。他担任了农会的义务通信员，打水、扫地、送信、砍柴。村里成立初级农业社，他当上了记工员，转入高级社，群众又选他当会计。

欧阳海关心群众，热心地帮助没有劳力的人家干活，还把自己劳动所得的粮食送给他们。他大公无私，有些人认为是"吃亏"的事，他干；别人感到是困难的事，他干。

某探矿队需要临时工，社里派欧阳海和几个年轻人一起去支援，月底领到了一笔工资，他说服同伴全部交给社里，用来发展集体生产。

1958年冬天，欧阳海到了应征入伍的年龄。他跑了几个地方去报名，可是都扑了空。第二天新兵在沙溪集合时，没报上名的欧阳海缠住兵役局的干部苦苦哀求。领队的同志被他的热情感动，额外批准他入伍。

欧阳海向母亲告别的时候，说："妈妈，过去大哥被抓丁那是逼着给地主老财卖命，如今我自愿当兵，是为了让咱们过上好日子，是为了保卫我们来之不易、当家做主的新生活！"

三个三等功

欧阳海穿上了棕绿色的军装，长期梦寐以求的愿望终于实现了。他满怀激情在日记中写道："看吧！祖国到处都是春天，到处都是家乡。祖国啊！今天你需要我，这是我无比的光荣！"

初到连队，欧阳海如饥似渴地阅读英雄传记。他对英雄人物非常崇敬，黄继光、董存瑞、刘胡兰等英雄的形象经常在脑海里闪现。他恨自己出生得太晚，没有赶上那烈火炼真金的年代，他渴望有朝一日在危急关头挺身而出，救大众于水火之中。他愿把赤胆忠心献给人民，当一名为国为民的英雄，就算是把自己的一生献给祖国，都无怨无悔。

每次参加工程建设，欧阳海总表现出使不完的劲。别人扛一根木头，他扛两根；送材料，别人一天送四个来回，他送五趟、六趟；有时干活把鞋弄破了，他就光着脚继续干，战友们经常见他用旧布包着脚在干活。他总是第一个来到工地，最后一个回去休息。提起欧阳海的干劲，连队干部说："我们都不敢表扬他了，真是怕累坏了他呀！"

工程快结束的时候，连队准备转移到下一个工地，山上有几十根木料需要搬到公路上来。排长把这项工作交给了三个战士，规定要在下午三点前完成任务。欧阳海利用中午吃饭和午休的时间，独自跑上了山。午休后，三个战士发现上午的木材都不见了。大伙正在纳闷，欧阳海满身汗水跑了回来。三个人这才明白，欧阳海已经帮他们完成了任务。

为了表彰欧阳海的奉献精神，上级批准欧阳海加入共青团，记三等功 1 次。

一年后，欧阳海做了班长。为了给全班战士做个好榜样，他处处带头，事事争先。连队的五次射击比赛，他有四次取得优秀成绩；体育项目训练，每个人单双杠必须完成 3 个练习，他提前完成 7 个；战斗训练和战术学习相结合：他白天摸爬滚打，练习作战技能，夜晚钻研军事教材，掌握战术原理。欧阳海的实际行动鼓舞了全班的战士，仅仅几个月的时间，他带领的四班就成为全师的战术标兵班。欧阳海也因此立下了第二个三等功。

不久，欧阳海光荣地加入了中国共产党。他意识到作为党员，一定要对自己有更高的要求，思想觉悟要更加透彻。他凭着顽强的毅力，读完了《毛泽东选集》一、二、三卷，努力学习毛泽东思想。欧阳海的思想提高到了一个新的高度，他懂得了一个革命战士应该如何改造自己，改造世界。他虽然是一个普通的战士，但他的目光却注视着全世界。他觉得作为一个共产党员，每时每刻都应该努力工作，做好每一件事情，为社会主义建设增砖添瓦。

1960 年苏联同中国断交，7 月 28 日到 9 月 1 日期间，苏联撤走全部在华专家。苏联撤走专家时，带走了全部图纸和资料。面对困境，中国共产党提出了独立自主，艰苦创业的精神。欧阳海所在部队响应国家号召，参加修建一条重要的铁路。

部队出发之前，欧阳海的慢性肠炎越来越严重了。领导决定让他留下来治病，他恳切地要求说："连长，一点小病不算什么，如果我不去，我就不是一个合格的党员，作为一名党员我应该起到带头作用。全连都去支援社会主义建设，我怎么能因为这点小病待在家里?”连长架不住他再三恳求，终于批准欧阳海随部队出发。

对于建设新中国来说，时间很重要。为了能按时完成铁路的修建任务，上级决定各排成立突击组，开展红旗竞赛。动员大会上，欧阳海一把将红旗夺在手中：“谁也别想把这杆红旗夺走!”他带领全组挑土，每人都是双担，来回都是小跑。你追我赶，第一天评比，别的组每人平均 140 担，欧阳海的红旗组每人平均 200 担，大大地超过了规定指标。接连一个半月，红旗一直持在欧阳海手中。铁路越修越长，欧阳海却一天比一天消瘦。

修筑铁路的任务提前完成了，欧阳海第三次立下了三等功。

欧阳海在他的日记本上写道：“我是毛泽东时代的青年，我的一切都要像钢铁一样，我的头脑，我的胸怀，我的意志!”

共产主义接班人

欧阳海在前进的道路上从未停下脚步。他连年立功受奖，被树为各种标兵，誉满全团。但是他牢牢记住党的教导：荣誉是对你的鼓励和鞭策，它不是自我欣赏和夸耀的装饰品。他热爱人民，为人民做了一系列的好事，从不让领导和战士们知道。

一个星期天，欧阳海外出途中看见一位 60 多岁的老大爷正吃力地挑着一担柴。欧阳海急忙过去接过担子，一口气送了十来里，老乡赶过来问他的名字，欧阳海答道:“老大爷，我是雷锋的战友。”说完一溜烟不见了。以后，星期天他经常等在路口，帮助老大爷挑柴。如果哪一次他去晚了，老大爷自己把柴挑回了家，欧阳海就像没完成任务似的，心里很不安。

1962年欧阳海回家探亲，在家12天，参加了9天的集体生产劳动。

一天，欧阳海干完了活，坐在树下休息。同村的一个小女孩提着一个水桶过去了。没过多久，他突然听到“啊”地一声尖叫，欧阳海料到出事了。他赶紧走到井边，果然，井里有只水桶晃悠悠地漂着，小女孩却没了踪影。不用说，刚才是小女孩，她一定是掉在井里了，现在正在水中挣扎。欧阳海想到这里，赶紧顺着井壁爬了下去。天旱水枯，从井口到水面有七、八米的距离，欧阳海十指紧扣石头缝，两条腿用力张开蹬着井壁，稳稳地挪到了井下。

水面上露出一缕黑头发，荡了两下又沉了下去，看到这里，欧阳海双手一松，离开了井壁，钻进了水里。欧阳海在井底摸到了小女孩，马上把她托出了水面。随后，几个村民听到欧阳海的呼救声赶了过来，大家合力用绳索把井下的两人拉了上来。来到地面后，小女孩已经醒了过来。看到她没事，欧阳海悄悄地离开了人群。

12天假期过去了，欧阳海背起行囊回部队。走到村口时，他突然看到欧阳赠玉家里失了火，火苗直窜上楼板。此时村民们都在地里劳动，幸亏欧阳海及时赶到，先背出了欧阳赠玉的奶奶，又把燃烧着的柴草扔到屋外，自己的双手却不幸被烧伤了。回到连队时，他手上贴着药膏。连首长问他手是怎么回事，他笑着说是自己不小心烫伤的。后来村里来信感谢欧阳海英勇救火一事，他这才承认手是救火时烧伤的。

一次，欧阳海来到山区，执行砍竹任务。山村小学里，每晚灯火通明。教师们为培养劳动人民的子女，呕心沥血，辛勤劳动。“爱管闲事”的欧阳海，想为山区儿童做点事。每天下工，尽管十分疲劳，他也要帮助教师批改作业，深夜不眠。教师们看他一笔一画，写得特别工整，劝他说：“鸡快叫了，白天你还要劳动呢，稍微潦草一点不要紧。”欧阳海却答道：“写潦草了，孩子们看不清啊。”

1963年，连队领受修筑公路的任务，欧阳海领着几个战士去铺设一条排水涵洞。任务虽紧，他却时时提醒战士们注意质量。他翻山越岭找来合用的石板，细心地铸造水泥涵管。任务提前完成后，他在洞口精心地刻了两颗五角星，又在旁边地刻上了三个大字：“干革命！”

“须登高望远，不断革命！”这是欧阳海笔记本上响当当的九个大字。“干革命”像一条红线贯穿在他的全部工作、生活中。

舍身救火车

1963 年 11 月，连队准备出发去野营。动员会上，欧阳海对大家表决心说：“野营是对我们每个战士的考验。我和七班保证完成党交给的任务。”他是党小组组长，动员会后他又召集党员开会，对大家说：“每个党员在行军中要起带头作用，在困难的情况下，要挺身而出！”

17 日傍晚，部队在衡山车站附近宿营。战士们行军一天都很疲劳，欧阳海主动烧水给大家烫脚。

部队宿营地附近的村里，有六七个孩子围着欧阳海，听这个和蔼可亲的解放军叔叔讲雷锋的故事。这时，七班接到了第二天担任全营收容的任务。他们要离开连队，走在全营后面，负责维护群众纪律，扶助病弱的战士。三排长对欧阳海说：“你们班的任务很重，特别是明天要经过一段铁路，一定要注意人马车辆的安全，不要让国家和人民的财产受到损失。”欧阳海斩钉截铁地答道：“只要有七班在，有我欧阳海在，决不让党和国家财产受到损失。再困难的任务也坚决完成！”

一列火车开过，地面被震得发颤，欧阳海从睡梦中醒来，已经是 18 日凌晨了，外面还是漆黑一片。他再也睡不着了，起身拿出日记来

写，刚写了几个字突然停下笔来，他暗暗吃了一惊：“今天18号，是农历初二，再过20天就是自己23岁的生日了。时间过得真快，我还什么都不会，什么都没做呢。这23年就这样过去了，下一个23年一定要看很多书，学很多知识，做更多有意义的事，把过去的23年给补回来。”

18日清晨，部队踏着泥泞的道路，向东奔去。他们将横跨京广铁路，奔向野营训练的最后一个场地。欧阳海随着炮兵连进入了峡谷，前面是个急转弯，不远处传来了火车的轰鸣声。“停止前进，火车来了，注意安全。”欧阳海大声地向后重复着口令。轰隆声越来越近，在两山缝隙里，冲出来一条“钢铁长龙”。

这是一列载有千人的客车，从南向北，风驰电掣般向峡谷驰来。霎时，汽笛声，排气声，铁轨和车轮的碰撞声，一起涌来，震耳欲聋。

山谷颤动，雨雾疾飞，飞沙刺脸，列车驶近了。弯曲的轨道造成了视觉误差，好像火车是迎面而来。这时，火车距离欧阳海他们已然很近。

突然，一声马嘶响起，是部队后面的一匹军马受惊了。它背驮钢炮，挣脱缰绳，疯狂地蹿上铁道，惊恐万状地在车头前打转，忽然它又不动了，是吓傻了，站在铁道中间像钉死了一样。

这时，奔驰的列车距离驮着钢炮的战马只有100米左右，车毁人亡的悲剧马上就要发生。事情来得太突然，不容人有任何犹豫。说时迟，那时快，欧阳海“嗖”地一下冲了出去，像离弦的箭，冲上铁轨。

火车以每秒20米的速度驶来，时间只有4秒多钟，危急关头，欧阳海爆发了身上所有的潜能，在列车撞上战马的前一瞬间，硬生生地把驮着钢炮的军马推出了铁轨。

列车没有出轨，旅客安然无恙，惨剧没有发生。可是，欧阳海却被火车撞成了重伤，倒在了血泊之中。

火车先向前推进了300米才停下，司机向欧阳海跑来，旅客们向英雄跑来，战士们向班长跑来。副班长急忙把班长抱在怀中，欧阳海满脸是血，生命垂危。司机激动地说："快救救这个战士，他是英雄，是他救了几百名旅客的生命啊！"

铁路职工、刚下火车的旅客和兄弟部队官兵共一百多人挤满了衡山医院，要求献出宝贵的血液，营救这位伟大的战士。

为了抢救这位英雄的生命，省里答应立即派直升飞机来，把欧阳海飞送到上海去抢救。

欧阳海静静地躺着，志愿者的鲜血从输血袋里流向他的血管。他是那样的安详，脸上没有一丝痛苦，好像在做一个甜美的梦。突然，他睁开深邃明亮的眼睛，向四周环视了一下，嘴角抽动了几下，好像要说什么，但又似乎觉得不必再多说什么了……随后，输血袋里的血不再滴了，那颗23岁的心脏停止了跳动，欧阳海的眼睛慢慢地合上了，表情又恢复了平静。他如此安静祥和地离开了这个世界，与救人于危难、力挽狂澜之时的他判若两人。

初冬的枫叶红似火，像是欧阳海的鲜血所染。那列客车载满了旅客，正奔驰在辽阔的原野上。

欧阳海的遗物里有一个被血染红的笔记本。本子的第一页上写着：人生短短几十年，终究要化作尘土。即使这个世界上没有了我，仍有无数的觉醒者为共产主义事业而奋斗。我坚信，革命必胜，真理必胜，共产主义事业必胜！

烈士坟前，阳光隔着一棵棵枫树投下斑驳的影子。一阵风吹来，枫树抖动着身子，枫叶哗哗作响，好像烈士并未走远，他就在我们耳边轻声细语：为共产主义事业，我愿意奉献出所有的光和热……

英雄无悔——罗盛教

罗盛教烈士的国际主义精神与朝鲜人民共存。

——金正日

罗盛教，1931 年生于湖南新化县的一个风景秀丽、民风淳朴的村子里。他年少时刻苦求学，解放后参加了中国人民解放军。1951 年 4 月，罗盛教加入中国人民志愿军，参加抗美援朝。1952 年 1 月 2 日，在朝鲜平安南道，罗盛教为救一名落水朝鲜少年而牺牲，年仅 21 岁。

◎罗盛教

艰难的求学路

新中国成立前，上学只是少数人的专利。和大多数穷苦孩子一样，罗盛教是没有上学机会的。幸运的是，他有个有见地的爸爸。每次种田回来经过村里的学校时，小盛教故意放慢脚步，伸长脖子，虔诚地聆听里面朗朗的读书声。这时，他的眼睛是最亮的时候。这一切被爸爸看在眼里，记在了心里。

转眼间，小盛教到了 11 岁。一天，他从地里干活回来，爸爸把他叫到了里屋。“桌上的花布袋是干什么用的，我怎么没见过?”小盛教小声地嘀咕。

“打开看看。”爸爸说道。

“哇！这是给我的吗?”原来里面是一本书和一些草纸，还有一支笔。

“对，明天你可以挎着它上学去了，但是别忘了早些回来给牛割草。”爸爸笑着说。

“哇！好啊！好啊！我终于可以读书了。”纯真的笑靥挂在了小盛教的脸上，年幼的罗盛教感觉到了无比的幸福。那天晚上，小盛教一直做着甜美的梦。

因为上学比别人晚，小盛教异常的勤奋、刻苦。老师也喜欢像他这样的学生，所以时常对他多一分教诲。小盛教也不负众望，在学校学到了许多知识，明白了许多道理，学习成绩一直是所有学生里面最优秀的。

可惜好景不长，随着罗盛教年龄越来越大，他要承担更多的家庭责任。因为家里经济条件的缘故，他只能辍学，挑起家里的重担。可是继续上学的念头，他从没有断过。

抗战胜利后，罗盛教终于又有机会读书了。他到县城给叔叔打工，叔叔开始时答应让他半工半读，可是后来却对此只字不提。罗盛教要从日出到日落帮叔叔做许多工作，超出了学徒的工作范围。他只能利用晚上睡觉的时间看书学习。每当夜深人静后，就连打更的人都被严寒的冷风凄雨逼进被窝时，罗盛教却在四面透风的小阁楼上，点起一盏灯焰飘摇、火光微弱的煤油灯。他暂忘了白天的辛苦，拖着疲惫的身体，坐在灯下，学习国文、算数，强行记忆那些自己所不理解的古文。

功夫不负有心人，终于在1946年秋，罗盛教连跳三级，考进一所名校。他的叔叔被他这种求学的精神所动容，答应让他半工半读。后来，罗盛教又经过自己的继续努力，以全校前三名的成绩被保送到第九师范学校。

思想升华

1949年，全中国解放了，湘西解放了。罗盛教感受到了重生的喜悦，他考进了湘西军政干部学校。在这里，他学到了以前从没学到的东西。如果说求学之路给他奠定了文化基础的话，那么在新中国的军校，作为一名军人，他的思想得到了升华，价值观念得到了改变。

罗盛教总感觉这所学校有种高贵的精神在里面，学校的一切都是积极向上的。他陶醉在这种氛围里，希望自己赶快融入其中，快些成为一名合格的共产党员。

有一次，罗盛教所在的区队接到一个任务，在一条河沟上搭桥。寒冬腊月还刮着风，他们干了大半天才把一棵大树砍倒。这棵树是桥体的原料。战士们热情很高，但是配合得不够默契，倒下的大树直接滚到了河里。大家只好用绳索往外拽，大个在后，小个在前，排成一溜，大家喊着号子，鼓足了力气往外拉，可大树还是躺在河里没动地方。眼看天要黑了，罗盛教想：如果有个人能下到河里，把树抬起来再拉，一定能成功的。想到这里，他二话没说，把棉鞋、棉裤一脱，就跳到河沟里了，不顾河水的刺骨，咬紧牙关使劲抬树干，但没有抬动。

“大家来啊，下水抬树喽！”经他这么一喊，又跳下来十多个人，大家七手八脚、齐心协力地把树给拽上岸了。

后来的表彰大会上，罗盛教所部被授予“开路先锋”的光荣称号，他也被点名表扬。由于在校表现优越，罗盛教被分配到中国人民解放军某侦察队，职务是文书。这也符合他的理想：随着部队，背着长枪，走南闯北，天涯海角，为人民打江山，多痛快！

罗盛教跟随部队去全国各地剿匪。有一次，他们来到了一个叫

"李家洞"的村子。战士们和当地的乡亲相处得非常融洽，当地的乡亲们也非常喜欢这支部队。罗盛教也经常帮乡亲们挑水、扫地、喂牲口，很受人们的喜欢。

时值盛夏，本来忙完了工作，罗盛教要看会儿书，可是树上的蝉叫个没完没了。"太聒噪！看书是不成了，还是去村口的小河里凉快凉快吧。"罗盛教边想边往外走。还没到村口，罗盛教就看到不远处有股子黑烟往上冒。"不好！肯定是谁家失火啦。"他边跑边喊人："快来救火啊！着火了！"

罗盛教第一个赶到，他二话没说冲进了火场。火势很大，他在火里钻来钻去找人，把身陷火海的一位老大娘背了出来。火越烧越大，为了让老大娘以后能重新生活，他一趟趟地进去，一趟趟地出来，把重要的日用品都抢了出来。当他最后一次从火里出来的时候，头发都烧焦了，身上也有好几处烧伤。老大娘心疼地流下了眼泪，一直问有没有烧着，要不要紧。看到老大娘的关切，罗盛教的心暖暖的，更加坚定了他以后为人民服务、甘于奉献的决心。

与朝鲜人民之间的情谊

1951 年 4 月，罗盛教响应党的号召奔赴前线保家卫国。在多次积极申请入朝作战后，他终于参加了中国人民志愿军，并随部队奔赴朝鲜。他任志愿军第 47 军 141 师侦察队文书。在朝鲜期间，他曾参加了 1951 年的阵地防御作战。

有一次，部队在一个暴风雨的黑夜行军，伸手不见五指。一位朝鲜老大娘顶着风雨，受着寒冷，固执地站在那里，手提保险灯为战士们照路，并不断提醒志愿军战士们，当心脚下，别掉进泥坑里。当罗盛教走近时，他的双眼湿润了，伸出手来轻轻擦拭老大娘湿漉漉的衣

服。罗盛教觉得只有用杀敌立功的实际行动，才能报答朝鲜人民的深情厚谊。

在朝鲜前线，他亲眼目睹美帝国主义对朝鲜人民犯下的滔天罪行，激起了他对侵略者的无比仇恨和对朝鲜人民的深切同情。

7 月的一天，罗盛教同炊事班长一起去给前线战士送饭，回来的路上他们边走边谈。走到下了山坡的时候，他们突然听到有孩子的哭声。寻着哭声，他们来到一个防空洞前，眼前残忍的一幕让他想到地狱也不过如此：哭声是一个八九岁的孩子发出的，他伏在一名朝鲜妇女身上。妇女的白衣裙全部被血水染红，胸脯被炮弹片撕裂开来，内脏都可以看见。她背上背的婴孩也被炸地血肉模糊。那个哀嚎的孩子已经失去理智，在他母亲身边乱滚，全身沾满了血。

罗盛教惊呆了、震怒了：我怎么能饶恕那些杀人如麻的魔鬼！我发誓要给他们报仇！这是罗盛教第一次看到如此惨烈的场面。事后，他把小男孩交给了一家人抚养，并亲手埋葬了那位朝鲜母亲。

与敌人的冷血截然相反的是朝鲜人民的热情，在朝鲜的日子里，

◎罗盛教纪念馆

罗盛教时刻能感到朝鲜人民的深情厚谊。冬天，部队奉命到平安南道的石田里村进行休整。他和驻地的老乡们结下了深厚的友谊。房东大妈经常给志愿军战士洗衣服。罗盛教也帮房东大妈担水、劈柴，乡亲们都夸奖罗盛教是好样的。

石田里是个风景优美的山村，罗盛教一到这里就马上爱上了这里。村前的佛体洞山银装素裹，泥栎河水刚刚结上一层晶莹的薄冰，水里的鱼儿依稀可见。河边的学校里传来孩子们玩耍的笑声，朝鲜族妇女和姑娘们在田野里劳作。如果不是在乱世，这真是一幅美丽的田园画。

这里的一切都让罗盛教感到激动，也让他想到了家乡。这一次是在这里休整，不同于往常的过路，罗盛教能在这多待些日子，真正地在朝鲜人民的村子里住下了。

这天，村民崔老汉的女儿明玉来找罗盛教，求他讲故事。这让罗盛教想到一件事。“宋惠云！”他叫住了正要离开的理发员，“我们帮这里的小朋友理理头发吧。”宋惠云不解地问道：“好好地搞这些名堂干吗?”罗盛教解释道：“当然是要把孩子们打扮成漂漂亮亮的，过个热闹年嘛！”宋惠云这才想起 1952 年的元旦要到了。“好得很，好得很，我来剪，你打下手。明玉，你把村里的孩子都叫来，我们给你们剪头。”

一会儿，孩子们越来越多。“明玉你来个中国式的，春女你来朝鲜式的，惠珍给你剪个刘海儿，明淑给你扎个马尾……”好不容易剪完了，把他俩累得够呛，不过心里却是美滋滋的。

英魂永存

朝鲜有个罗盛教村，村前的山叫罗盛教山，山下的河叫罗盛教河。这些，都是为了纪念这位英雄而特意取的名字。虽然罗盛教早已离我们而去，但是这里的村子、大山、河流都在叙述着当年发生在这里的故事。

1952 年 1 月 2 日早晨，整个石田里村庄处处能听到村民们和志愿军战士的欢笑声。罗盛教同宋惠云一起向河边走去。他们要去找两枚训练时没打响的手榴弹。走到河边，他们分头去找，一个往东一个往西。

突然，罗盛教听到“啊”地一声惊叫。他回头一看，原来，滑冰的朝鲜族少年中，有一个掉进了冰窟窿里了。只见落水少年双手扑打了几下水面，身体便沉了下去。这时，罗盛教绷紧了心弦，注视着水面，看没什么反应，少年也不再露出水面。旁边的几个少年慌恐地叫嚷着，其中一个边哭边在窟窿边转圈。

罗盛教抓起自己的帽子，往地上一扔，直冲过去。他一边跑一边飞快地脱掉身上的衣服和鞋子，接着跳进了冰河里。溅起的水花让冰面上的几个少年吃惊不已：河水有七尺多深，这个中国兵能把人救上来吗？过了好一会儿，罗盛教才浮出河面，河水太深，摸了个空。冰冷的河水使他脸色变得苍白，胳膊青紫。他赶紧深深吸了口气，又钻进水里。

马上河面又变得平静了，只有北风呼呼作响。罗盛教第二次钻出水面，又摸了个空。这时，他本能的将身体伏在冰窟窿的边沿上，以免被流动的河水带走。几个少年明显感觉到罗盛教已经冻得快不行了，他的手指已经僵硬，呼吸短促，浑身颤抖着。可罗盛教深吸一口气后，一闭嘴，又钻下去了。

宋惠云赶来了，随即明白了一切。但他是个“旱鸭子”不会游泳，只好拍自己的脑门想办法，急得像是一只热锅上的蚂蚁。

又过了一会儿，罗盛教终于将落水的孩子托出水面。当那少年两臂扒住冰面往上爬时，突然，哗啦一声，冰又塌了，连人带冰又落入水中。

宋惠云急得往回跑，他在村口看到一根木头电线杆，马上拖着往

◎罗盛教烈士墓

河边跑。

这时，罗盛教全身已冻得发紫，体力已快消耗殆尽，但他却又一次潜入水中。这一次时间稍长。终于又看到落水的少年了，罗盛教在水下用头和肩将少年顶出水面。宋惠云赶紧将那根木头电线杆送了来，少年抱住电线杆被拉上了冰面。可是罗盛教已经没有了力气，身体也冻僵了，他再也支持不住了。水面上打了个漩涡，罗盛教沉了下去，再没有上来。

在石田里老百姓的再三恳求下，罗盛教的遗体被埋葬在了朝鲜，按照朝鲜人民最高的礼节下葬。

1952年2月，中国人民志愿军领导机关为罗盛教追记特等功，同时授予“一级模范”、“特等功臣”的称号。同年4月1日，中国新民主主义青年团中央委员会决定追认罗盛教为“模范青年团员”。1953年6月25日，朝鲜民主主义共和国最高人民会议常任委员会授予他一级国旗勋章及一级战士荣誉勋章。

今天，在罗盛教牺牲的河岸边立着一块石碑，上面刻着：“生长在朝鲜五千里土地上的人民，都应该牢记我们伟大的友人罗盛教同志，学习他的伟大的国际主义精神。为了永久纪念，特命此为罗盛教河。成川郡石田里人民敬立。1952年3月30日”。

特级战斗英雄——黄继光

把任务给我吧！只要有一口气，我保证完成任务！

——黄继光

◎黄继光画像

黄继光，生于 1931 年，四川省中江县人。1951 年参加中国人民解放军。1952 年 10 月 20 日，在上甘岭战役中，用胸膛堵住敌人的机枪射孔，为保证部队攻克高地而壮烈牺牲。他牺牲后被追认为中国共产党党员，追记特等功，授予“特级战斗英雄称号”，并获得“朝鲜民主主义共和国英雄”称号及金星奖章、一级国旗勋章。

一心想参军

黄继光的家乡风景秀丽，茂林修竹，四季常青。山上郁郁葱葱，河水清澈湍急。但是，他的童年却多苦多难。

黄继光家三代贫农，靠天吃饭。父亲是家里的顶梁柱，在地主的盘剥之下，被榨干了血汗，早早地离开了人世，留下一对孤儿寡母相依为命。

黄继光很早就懂事了，他看到母亲每日辛苦劳作，三餐不饱，主动提出去给地主做帮工。虽然是给地主干活，但是黄继光并没有忘记对地主的仇恨。他白天赶着牛上山，晚上回来还得挑水、喂牲口、刷尿盆。困了就睡在牛棚里，饿了就与牛羊同吃，过着非人的生活。在这段苦难和挣扎的岁月里，黄继光相信总有一天会见到光明，那些欺压穷苦大众的地主、恶霸一定没有好下场。

1949 年春天，四川解放了。解放军一来，地主恶霸统统得到了应有的惩治。黄继光看到了光明，18 岁的黄继光加入了民兵组织，积极参加为农民翻身的各项活动，无论是剿匪、斗地主、除恶霸，他都冲在前面。

有一次，黄继光空手缴了恶霸的两支手枪，被评为民兵模范。他并不满足这些，他的心愿是当一名战士，剿土匪、杀敌寇，以报答新中国给他翻身得解放的恩情。

1950 年，以美国为首的“联合国军”公然出兵侵犯朝鲜，干预朝鲜内政。随着朝鲜人民军的败退，战火很快就会蔓延到中国境内，如果朝鲜沦丧，势必将威胁中国的国家安全和人民的生命。同年 10 月，新中国不畏强权，组织人民志愿军，跨过鸭绿江，开赴朝鲜战场。自此，抗美援朝战役拉开序幕。

1951 年 3 月的一天，黄继光所在的中江县开始征集志愿军新兵了。此时的黄继光在民兵队伍里表现不凡，经过一年多的锻炼，他增长了战斗经验，懂得了许多道理，现在一心想当志愿军，渴望保家卫国，以报国恩。

黄继光是村里参军最积极踊跃的人。征兵的第一天，他第一个报名。没有想到的是，体检时，他因身材矮小没被选上。觉得委屈的黄继光找到负责征兵工作的营长，把自己上阵杀敌、保卫国家的理想给营长说了一遍，说得很诚恳。营长被黄继光参军的热情感动了，破格录取了他。穿上崭新的军装，想到自己已经是一名军人，黄继光高兴得一宿没睡着觉。“我一定要多杀几个敌人，才对得起身上这身军装啊。”黄继光心里默默地想。

绰号“八大员”

来到朝鲜战场，黄继光成为第15军第135团2营6连的一名通讯员。

刚到连部，黄继光就迫不及待地问连长：“什么时候打仗？”连长一边上下打量着这个初来乍到的小战士，一边笑着说道：“这里是战场，还愁没仗打？不过你这小鬼怎么打敌人啊，会使枪吗？会扔手榴弹吗？要想打胜仗，可是得先练好看家本领！”

“是啊，虽然来朝鲜之前进行了短期训练，可是，连枪都瞄不准，又怎么上前线杀敌？”想到这里，黄继光低下了头。此后，他便经常到班里向战士们学习手榴弹、手雷、自动步枪等武器的使用方法。

1952年4月，黄继光所在部队到五圣山前沿阵地接替防御任务，本想这次能上战场练练身手，没有想到黄继光被分配到了连队后勤。

黄继光心里很不是滋味，一起入伍的老乡吴三羊、肖登良打死了不少的敌人，而他现在还是“光杆司令”。于是，他找到副指导员诉苦，副指导员得知他是想跟老乡一去前沿杀敌时，指着自己的手腕上的表，严肃地对他说：“你看我这只手表，时针、分针、秒针不停地在转，它为什么在转？是什么在推动它？”副指导员用小刀把手表背面打开，露出许多零件，他继续说道：“这是发条、齿轮、小螺丝，如果缺一样，或者它们其中的一件停止运作，那另一面的针还会转吗？我们的战场就像这块手表，每个战士就是这里的齿轮、发条、小螺丝，缺了哪个手表都走不了。”

听到这里，黄继光心里亮了许多，他深刻认识到了思想的片面性，决心发挥好“小螺丝钉”的作用，为连队，为整个战场贡献自己的力量。

◎黄继光的奖状

黄继光受到启发，争取成为一枚有用的“螺丝钉”。虽然不能上前线杀敌，但是他仍然尽自己所能做好每件事，让前线的战士能够安心杀敌。他每天送信，拾柴、挑水、切菜、烧火，一刻都没闲着，别的同志让他歇一会儿，他说：“你们上阵杀敌都不怕，我做的这些小事再累也不算什么。

每次给前线战士分发弹药，黄继光都抢着去，别人一天送两趟，他一天送三趟。黄继光把自己的全部精力投入到部队当中，他牢记自己的誓言，争取上阵杀敌，一刻也不懈怠。这年 7 月，由于工作出色，黄继光光荣地加入了中国共产主义青年团。

1952 年 8 月 6 日，在密集的炮火掩护下，美军一个连的士兵向 6 连阵地发动了攻击。战斗进行到最激烈的时候，连部与阵地之间的电话线被敌人的炮火炸断，双方失去联系，急得连长直跺脚。

在这紧要关头，黄继光挺身而出：“连长，我去把电话线接好。”

连长问：“你会接电话线吗?”

黄继光说：“我跟营部的话务员学过，我能接。”

“那好，注意躲避，动作要快。”连长说到。

“是，保证完成任务。”黄继光大声地说。随后，黄继光迅速找来电话线和一把钳子，顺着这头的电话线向前沿蹿去。

黄继光像一只奔跑的猎豹，迅速而灵活，飞一般地向前方冲去，敌人的炮弹和子弹怎么也打不到他。十几分钟后，黄继光一身尘土地跑了回来。“报告，电话线已经接好。”黄继光喘着粗气说道。

连长马上拿起了步话机，果然打通了。指挥系统恢复正常，连部和阵地的电话又畅通无阻了。

黄继光工作认真勤恳，表现积极勇敢。这让许多战友对黄继光的印象非常好，他不仅是一个后勤兵，其他兵种的工作也都做得非常出色。

“八大员”，是战友们给黄继光取的绰号。“八大员”，就是能打仗的战斗员、能做饭的炊事员、能治伤的卫生员、能抬伤员的担架员、能送弹药的运输员、能修电话的话务员，同时还是宣传员和通信员。黄继光每样都占了，每样都精通，是名副其实的模范兵。

血肉筑长城

半个世纪过去了，鸭绿江水还在静静地流淌，上甘岭旁的野花开了又谢，谢了又开。战争早已烟消云散，英雄也永远离开了我们，然而英雄的事迹却在代代相传。

在四川中江县一所学校里，翠绿的竹林掩映着一排排整齐的教室，阵阵的春风送来朗朗书声，一个刚刚读完黄继光故事的小学生，掩卷凝思，心潮澎湃。他的思绪仿佛回到了半个世纪前那个战火纷飞的岁月，耳边又回响起嘹亮的冲锋号，眼前硝烟弥漫，战火纷飞……

1952 年 10 月 14 日，美军第八集团军司令范佛里特精心策划的“铁三角战役”正式开始，6 万兵力、300 余门大炮、176 辆坦克和上百架飞机，向志愿军两个连守卫的阵地——上甘岭地区的 597.9 和 537.7 高地发起猛烈的进攻。

仅4平方公里的阵地上，美军每天出动100架次的飞机投掷重磅炸弹，最多一天投掷了500多枚航弹，发射了30万发炮弹，阵地上草木荡然无存，岩石构成的山头被打成半米多深的粉末堆。经过四昼夜的激战，美军以伤亡数千人的代价占领了597.9高地的表面阵地。

10月19日傍晚，志愿军发起反击战。经过几个小时的激烈战斗，担任突击任务的六连连续攻下了三个山头，可是就在突击连要接近597.9主峰时，孤注一掷的敌人加大了攻击的火力，六连官兵被凶猛的炮火阻拦在了紧靠597.9主峰的零号阵地。

这是一个关键时刻，也是一个决定胜负的时刻。如果在拂晓之前，再拿不下零号阵地，已经攻下的三个阵地就会完全暴露在敌人炮火之下，隐蔽在一号坑道里的八连官兵也就无法冲出坑道向597.9主峰发动攻击，搏斗了一夜所取得的战果更会毁于一旦，一切都会前功尽弃。

连长和指导员向参谋长请求各自带队前去爆破敌人的碉堡。这时，站在参谋长旁边的黄继光冲了过来，他掏出早已写好的决心书交给参谋长，恳切地说："参谋长我能行，让我去吧，我会坚决完成任务！你们是指挥员，最大的战斗指挥还要靠你们。"

这时候，另外两名通讯员肖登良、吴三羊也请求参战，看着只剩下十几个人的六连官兵，参谋长批准了他们的请求。

黄继光和两名战友消失在了茫茫夜幕中。凭借着机智和勇敢，他们三人冒着枪林弹雨，连续摧毁了敌人几个碉堡，吴三羊在攻取敌人第四个碉堡时不幸中弹牺牲了，肖登良也身负重伤奄奄一息，黄继光的左臂被打穿，血流如注，但他仍然一步不停地向敌军火力点前进。

黄继光时而弯腰疾驰，时而匍匐前进，在距敌军火力点八、九米的时候，奋力用右手将手雷接连投向敌军，轰炸声过后，火力点被炸毁了半边，敌军停止了射击。冲锋部队马上出击，突然火力点又死灰复燃了，未被炸的两挺机枪，又从残存的射击孔里伸出来，死命地吼叫着，一时间死了很多战士，志愿军反击部队的冲锋受到阻止。黄继

光也再次负伤倒下。

天就要亮了，黄继光身边已无弹药，身体又多处受伤，趴在地上的黄继光心想：“不行，任务还没有完成，我不能停在这里，我必须想办法把这个火力点拿下。”他咬咬牙，憋着一口气，顽强地爬到了火力点的下方，黄继光冲着敌军狂喷火舌的枪口，挺起胸膛，张开双臂，扑了上去。刹时，敌军正在喷吐的火舌熄灭，正在吼叫的机枪哑然失声。黄继光用年轻的生命为部队开辟了胜利的道路，他的血肉之躯变成了一座坚固的长城。担负攻击任务的部队高喊着“冲啊！为黄继光报仇！”踏着黄继光爬行过的道路，很快占领了阵地，全歼守军两个营。

打扫战场时，黄继光敦厚的身体，依然压在火力点的枪口上，地上有一条长长的血迹。可以想象，当时黄继光是怎么一点点爬过来，牺牲时他的身上并没有流血，因为血已经流干了。他没有白白牺牲，在整个上甘岭战役中，一共有 21 个阵地，黄继光所在的六连打下了 4 个。其余阵地都是得而复失，失而复得，反复争夺了许多次，唯独六连的这 4 个阵地，攻占后始终没有再被夺去。

英雄后事

令人遗憾的是，由于黄继光从小家境贫寒，从来没有去过照相馆，也就没有他生前的相片。牺牲后虽有人拍过遗体，形象却十分惨烈且面容难辨。在宣传英雄事迹的时候，因找不到一张可用的照片，只好用一幅舍身堵枪眼的素描画来代替。后来，杭州美院的老师们根据黄继光的连长万福来的回忆，经反复琢磨画出了黄继光的正面标准像。

上甘岭战役胜利 10 周年时，雕塑专家根据这张画像铸造了三尊铜像，分别珍藏在部队、中江县的黄继光纪念馆以及他生前所在连的俱乐部。

战后，当时目击黄继光阵亡的战士大都牺牲，只有 135 团 6 连连长万福来重伤后活了下来。他在医院听到报上说黄继光被追授“二级英雄”，马上写信陈情，表示应该给予黄继光更高的荣誉。后来，志愿军总部撤销了黄继光“二级英雄”，追授“特级英雄”称号。我军至今仅有杨根思和黄继光获得过这一级别的荣誉。部队党委追认他为中国共产党党员，追授“模范团员”称号。

中国人民志愿军领导机关给他追记特等功，并追授“特级英雄”称号。朝鲜民主主义人民共和国最高人民会议常任委员会追授他“朝鲜民主主义人民共和国英雄”称号和金星奖章、一级国旗勋章。

1953 年 4 月，黄继光的母亲邓芳芝作为代表出席了全国妇女大会。毛泽东还请邓芳芝到中南海自己家中做客，表示了对英雄的敬意。当时，邓芳芝同毛主席双手四握，说道：“黄继光是毛主席教育的好士兵。”

战役结束后，中朝两国战士在五圣山主峰背后一块高大的石壁上，刻下了黄继光的名字。

如今，上甘岭战役留在阵地上的，唯一的有形纪念物就是黄继光烈士纪念碑，这座纪念碑是金日成命令建造的。在这块大理石纪念碑的旁边，保留着烈士用胸膛堵过的地堡枪眼，周围盛开着美丽的金达莱花。

◎黄继光烈士墓

时代的楷模——雷锋

人的生命是有限的，可是，为人民服务是无限的，我要把有限的生命投入到无限的为人民服务中去。

——雷锋

◎雷锋

雷锋，1940 年出生，湖南长沙简家塘（今属望城县）人。1957 年加入中国共产主义青年团。曾参加根治沩水工程、团山湖农场和鞍钢等建设，多次被评为劳动模范和先进生产者。1960 年加入中国共产党。1962 年 8 月 15 日因公殉职。他公而忘私，爱憎分明，全心全意为人民服务。毛泽东亲笔题词：“向雷锋同志学习”。

拖拉机驾驶员

雷锋的童年是悲惨的。父亲被日寇毒打，内伤不愈而死。丧夫后，母亲为了生计，到地主家做帮佣。地主唐三碳子的小儿子，是个不折不扣的混蛋，每天游手好闲，好色成性。雷锋的母亲在遭到其奸污后，悬梁自尽。

当时，为了有口饭吃，雷锋的哥哥当了童工，后来在黑心资本家的劳役之下，患上了肺痨，又被机器压断了胳膊。在一个寒冷的冬夜，小小年纪的哥哥在伤病交加中痛苦死去。年幼的弟弟本来就骨瘦如柴，父亲死后，地主催债，把家里的存粮都抢去了。家中断炊，弟弟连续几天吃不上饭，最后一觉睡去没有醒来，饿死在了母亲的怀里。

雷锋不到七岁，便成了孤儿。童年的不幸，再加上长期的营养不良，使得雷锋发育迟缓、身材矮小。

长沙解放后，雷锋结束了痛苦的生活。在党和人民政府的关怀下，雷锋被免费保送到学校读书。在校期间，他加入了中国共产主义少年先锋队，并且立志要用实际行动报答党和人民的恩情。

1956 年，县里招公务员，雷锋觉得党和国家已把自己养大，自己不能只是索取，是时候该回报社会了。他主动找到招生的负责人，表明了自己要为人民服务的决心。最后雷锋如愿以偿，在中共望城县委做了一名公务员。后来，鉴于他工作积极，踏实勤奋，被县委评为“工作模范”。

1957 年 2 月，望城县委要在围垦起来的团山湖办一个农场。听说建农场需要有拖拉机，雷锋立即拿出 20 元钱（当时雷锋一个月的工资是 23 元）交给了团支部，说：“我平时不大用钱，这 20 元交给农场买拖拉机用。”县委领导赞扬雷锋的积极性高，并决定把学开拖拉机的任务交给雷锋。听到消息后，雷锋高兴得合不拢嘴，立即表示决不让领导失望。

雷锋在学校念书时，只是在课本上见过拖拉机，并没有开过。如今马上就要见到真开拖拉机了，并且还是自己驾驶，他怎能不激动呢?

春耕快要开始了，有万亩良田需要开垦，任务艰巨，雷锋已做好了准备。等拖拉机刚开进农场，雷锋马上开始苦练驾驶技术。天刚刚亮，他就来到拖拉机旁，开始认真地为拖拉机进行“体检”，做好驾驶前的准备工作，等师傅一到，拖拉机马上就可以开动了。

白天，雷锋先听师傅讲解驾驶理论，然后开始实际操作。下工后，雷锋坐在拖拉机上总结一天所学的内容，把没有掌握的记录下来，等到第二天开工向师傅请教。

晚饭草草吃完，雷锋立即坐在灯下，开始仔细阅读有关拖拉机的书籍。像拖拉机的构造原理、维修保养、驾驶技巧等方面的知识他都要一一掌握。经过连续5天的废寝忘食的学习，雷锋已经掌握了驾驶技能，接下来，雷锋就要单独驾驶拖拉机了去耕地了。

初春的一个早晨，阳光明媚，微风吹拂着雷锋的衣襟，吹干了他额头上渗出的汗珠。此时，雷锋正给拖拉机擦洗车身，一会儿就要正式出车了。听到拖拉机响亮的“突、突”声，好多人都赶来看雷锋试车，为他加油。

对于今天的试车，雷锋已经是胸有成竹。只见他坐在驾驶座上，双手把着方向盘，已经做好了准备。师傅向他叮嘱了几句，就走开了，这次全看他个人的发挥。雷锋冲大家微笑着挥挥手，然后加大引擎，脚踩油门，拖拉机开始向前开动了。雷锋稳稳地握着方向盘，左打轮、右打轮，顺利地把车开到了湖沼地。然后，他把升降杆往下一按，拖拉机后面带的犁排也跟着压在了土里，随着拖拉机的前进，雷锋的身后翻起一道道泥浪来。这时人群中传来热烈的掌声和叫好声。

越开越熟练，泥沼地也越挖越快，靠着出色的驾驶技术，雷锋按时完成了耕地的任务。

后来，雷锋写了篇《我学会开拖拉机了》的文章，记录下了自己学开拖拉机的过程和心得，后来这篇文章被登在了《望城报》上。作为模范代表和优秀的拖拉机驾驶员，在全县建设社会主义大会上，雷锋赢得了领导们的表扬和鼓励。

雷锋在鞍钢

1958 年 10 月，18 岁的雷锋响应党的号召，为支援国家工业建设，来到了辽宁鞍山钢铁厂。

第一天报到时，雷锋首先看到的是粗壮挺拔的高炉、高耸入云的烟囱、整齐高大的厂房、钢铁巨龙般的火车，这让雷锋感到无比的激动和自豪。在铁水奔流的高炉旁，鞍钢像火把一样点燃雷锋心中激情的火焰，他想要马上投入工作，来实现自己的价值。他要把自己青春献给祖国的社会主义建设事业。

雷锋的愿望是当一名奋斗在第一线的炼钢工人，可是他却被分配到洗煤车间当一名推土机手。雷锋一时想不通，找到车间主任说："我要当炼钢工人，怎么给我分到洗煤车间？"主任告诉他："炼钢需要矿石、铁水、焦炭、煤气等，缺少哪一样都不行。大工业生产就像一架机器，螺丝钉虽小，但是缺了那一颗机器也不能转动。"雷锋听后很受教育，马上决定服从分配，到集体最需要自己的地方去。

雷锋在日记中写道："一个人的作用，对于革命事业来说，就如机器上的一颗螺丝钉。螺丝钉虽小，其作用是不可估计的。我要做一颗永不生锈的螺丝钉。"在化工总厂工作期间，雷锋的思想认识有了飞快的提高。他钻研技术，认真学习，勤奋工作，不到半年时间就能独立操作和检修设备。他关心同事，团结互助，哪里有困难就出现在哪里。

"继续发扬'螺丝钉'精神，到最需要我的地方去。"1959 年 8 月，雷锋主动要求参加弓长岭矿焦化厂建设。去焦化厂之前，雷锋送给同事易秀珍一个日记本，里面写着："船，能够乘风破浪才能前进：人，能够克服困难才能生存。"当时，弓长岭矿远离鞍山市区，环境比较艰苦，很多人都不愿意去，可雷锋却说："作为一名共青团员，我应该带头到艰苦的地方去。”

冬天就要来临，矿上的领导决定发动职工修建宿舍。为了能赶在严冬来临之前，让大家住进新房子里，雷锋和一伙青年人组织了建筑突击队，日夜不停地干。

深秋的早晨，泥巴结起寒霜，冻硬了化不开。雷锋就穿着靴子进去踩，不想靴子踩进去就拔不出来了，雷锋就光着脚和泥。冰冷的泥浆在雷锋温热的脚下变得柔软起来。在雷锋的感召下突击队干劲十足，后来，职工宿舍提前一个月建成。工人们搬进了新宿舍，把寒冬抵在了门外。雷锋在日记里写道：“青春啊，永远是美好的！可是真正的青春，只属于这些永远力争上游的人，永远忘我劳动的人，永远谦虚的人。”

有一次，雷锋值夜班，天忽然下了起暴雨。他想起工地上还堆放着7200多袋水泥，雨水一淋，水泥就凝固，这会造成很大的经济损失。他马上喊起睡梦中的工友，随即奔向工地，找来雨布把水泥盖起来。雨布用完了，可还有一部分水泥暴露在雨里，大家正在着急，不知怎么办才好。这时雷锋已经从宿舍拿来自己的被子，然后用被子遮住了剩下的水泥。后来，《辽阳日报》报道了雷锋抢救水泥，无私奉献的事迹。对于这次报道，雷锋在日记里说：“我这么一点点贡献，比起党对我的要求还做得很不够。但是我有决心忘我劳动，不骄不躁地前进。”

在一个寒冷的深夜，雷锋冒着严寒把生病的工人背到医院治疗，连续几天去病房送吃的，直到那个工人康复。雷锋平时勤俭朴素，助人为乐，把省下的钱和粮票送给需要它们的人。他的所作所为，受到了工人和厂领导的赞扬和夸奖，成为了厂里青年人学习的榜样。

雷锋在鞍钢工作一年零两个月，3次被评为先进生产者，18次被评为工作标兵，5次被评为“红旗手”，并出席了鞍山市青年社会主义建设代表大会。在短短的一段工作时间里，雷锋却留下了一串长长的闪光的足迹。

参军入伍

参军，是雷锋一生中最大的心愿。1949 年 8 月，中国人民解放军路过雷锋的家乡。这是雷锋第一次近距离接触解放军，眼前的解放军向老百姓问寒问暖，还帮助乡亲们挑水，扫地。买柴买菜按价付钱，从不拿群众的一针一线。有一名解放军，非常喜欢雷锋，还让雷锋骑在他的脖子上一起玩。在雷锋的眼里，这支队伍像自己的亲人一样，有种说不出的亲切感。因此，雷锋萌生了要参军的想法。当时，小小的雷锋找到部队的连长，坚决要当兵。连长得知他苦难的身世后告诉他，等长大了才能当兵，并把一支钢笔送给了他，鼓励他要好好学习，长大了有了知识、有了本领再来参军。

1959 年 12 月，新的征兵工作开始了，雷锋早有当兵的志愿，但是焦化厂的领导也不舍得像雷锋这么优秀的工人，就不同意他参军，这可把雷锋急坏了。

后来，武装部的领导专门研究了雷锋的入伍问题，认为他是苦孩子出身，经过实际工作的锻炼，政治素质好，入伍动机明确，虽然身高 1.54 米，体重不足 55 公斤，身体条件不符合要求，但他在农场开过拖拉机，在工厂开过推土机，多次被评为先进工作者，相信他入伍会成长得更快，最后决定批准雷锋入伍。1960 年 1 月 7 日晚上，在新兵登车出发前 8 个小时，雷锋终于穿上了梦寐以求的军装。虽然是最后一件又肥又大还有许多褶子的军装，但是雷锋此时手舞足蹈，高兴到了极致。他笑得合不拢嘴，对着镜子左一个军礼，右一个军礼，乐此不疲。

参军当天，雷锋在日记里这样写道："这天是我永远不能忘记的日子，这天是我最大的荣幸和光荣的日子。我走上了新的战斗岗位，穿上了黄军装，光荣地参加了中国人民解放军，我好几年的愿望在今天实现了，我真感到万分的高兴和喜悦，这是我一生最大的幸福。”

雷锋入伍后被分到运输连当了一名汽车兵。

雷锋从入伍到牺牲，只有两年零八个月，然而在此期间雷锋的光荣事迹却数不胜数。

有一次，望花区召开生产动员大会，声势很大。雷锋上街办事正好看到这个场面，他取出存折上在工厂和部队攒的200元钱(存折上有203元)，跑到望花区党委办公室要捐献出来，为建设祖国做点贡献。接待的工作人员实在无法拒绝雷锋的这份情谊，只好收下一半。

后来，辽阳遭受洪水灾害，雷锋把100元捐献给了辽阳市委，并附有一封信。信中写道：“现在部队每月发给我们6元津贴，我每月除了理发花5角外，余下的钱我都存到储蓄所，入伍后我把在工厂时攒的40多元，都带到部队存到了储蓄所。我在部队短短的7个月里，又节约了津贴费30多元，到现在为止我已经存了100元钱。今天我怀着万分高兴的心情，将我节约的100元钱寄给你们，支援灾区人民公社发展生产。”在建设祖国、援助灾区的时候，雷锋毫不犹豫、毫无保留地将自己的全部财产捐献，自己平时却舍不得喝一瓶汽水。

随着雷锋做的好事越来越多，他的名字在他活着的时候就已经广为人知了。从1961年开始，雷锋经常应邀到各地作报告，他出差机会多了，做的好事也越来越多。当时流传着这样一句话：雷锋出差一千里，好事做了一火车。

5月的一天，大雨倾盆，雷锋要去沈阳办事，为了不迟到，雷锋早晨5点多就起来，带了几个馒头，披上雨衣就上路了。在泥泞湿滑的路上，他看见一位妇女背着一个小孩，手还牵着一个小女孩正艰难地向车站走去。雷锋快走几步赶上她们，然后脱下身上的雨衣披在大嫂身上，又抱起小女孩带着她们向车站走去。上车后，雷锋见小女孩蜷缩着，浑身冷得发颤，他又把自己的贴身的线衣脱下来给她穿上。估计她们早上也没吃饭，雷锋就把自己带的馒头给她们吃。看着她们吃得很香，雷锋满意地笑了。

火车到了沈阳站，天还在下雨，雷锋又一直把她们送到家里。临别时，那位大嫂感激地问他：“同志你叫什么名字？在什么地方工作?”雷锋说：“我叫解放军，就住在中国。”

雷锋走到哪里好事就做到哪里，做了好事从不留名。他把“毫不利己，专门利人”作为人生的乐趣，还常说：“一个人不应该只知道索取，不知道奉献。”雷锋获得过从连、营、团直到军区的各种荣誉，几乎月月受到嘉奖。他荣立二等功 1 次，三等功 3 次，并被选为抚顺市人民代表大会代表。

永远活在人们心中

1962 年 8 月 15 日上午，外面下着细雨。像往常一样，雷锋和他的战友乔安山驾车从工地回到驻地。他们把车开进连队车场后，雷锋发现车身上溅了许多泥水，便不顾疲劳，立即让乔安山发动车到空地去洗车。汽车经过一段比较窄的过道时停住了，这是个直角的死弯，前后左右回旋的余地都很小，为安全起见，雷锋站在过道边上，扬着手臂指挥乔安山倒车转弯：“左边一点，对，继续……倒！继续倒!”

突然，车的左后轮滑进了路边水沟，车身猛地摇晃了一下，碰倒了一根平常晒衣服用的方木杆子，雷锋不幸被倒下来的杆子砸在头上的太阳穴，当场扑倒在地。乔安山跑过来抱住雷锋，喊：“班长！班长!”雷锋并没有醒来，他的鼻子、嘴巴都流着鲜血。

听到乔安山的呼救，战友们马上用担架把雷锋送到医院抢救。由于颅骨损伤，内部出血，得动手术，随后医生们开始了紧急抢救。经过 20 多分钟的急救，院长拿起了听诊器在雷锋胸前做了最后的判断，他惋惜地摇了摇头，最终没能挽救成功。雷锋就这样永远的离开了我们。时间定格在 1962 年 8 月 15 日 12 时 5 分。

雷锋从小孤苦伶仃，受尽苦难，他却不因身世自怨自艾，长大后把无私奉献当做自己的誓言，成为一名毫不利己，专门利人的优秀共产党员。他把一生都奉献给了为人民服务的事业中，牺牲时年仅 22 岁。

1962 年 8 月 17 日，在抚顺市望花区政府礼堂召开隆重的追悼会。前来祭奠的群众越来越多，礼堂挤不下，就往院子里站，最后大街上也是人山人海了。群众都自动戴上了白花和黑纱，跟随在车队的后面，浩浩荡荡。从市区街道两边的商店一直到戈布北沟烈士墓，这段长达 10 多公里的长街两旁，早已形成了厚厚的人墙。当时，有近十万人护送雷锋的遗体，这也成为抚顺历史上少有的壮观场面。

1963 年 1 月，国防部命名雷锋生前所在的班为“雷锋班”，共青团追任雷锋为全国少先队优秀辅导员。解放军总政治部、共青团中央、全国总工会，全国妇联相继发出关于学习雷锋的通知。《人民日报》、《解放军报》、《中国青年报》等相继发表社论、评论和介绍雷锋事迹的文章。1963 年 3 月 5 日，毛泽东题词：“向雷锋同志学习”。

雷锋，不仅在中国家喻户晓，还成为一种象征、一个文化符号而走向世界。美国《时代周刊》介绍：“雷锋品牌是中国人民也是全人类共同的精神财富。”

雷锋把自己所有的青春献给了党，献给了人民，他高尚的理想、信念、道德、情操，值得所有人去学习。雷锋精神，是一个时代的标志，也将是以后每个时代效仿的楷模。

◎雷锋同志之墓

参考文献

1.“双百”评选活动组委会. 100位新中国成立以来感动中国人物. 北京：人民出版社，2009

2.丁晓兵. 左手礼. 北京：解放军出版社，2010

3. 志愿军英雄传编辑委员会. 志愿军英雄传. 北京：解放军出版社，1956

4. 林之满、冯平、于文. 世界军事百科. 沈阳：辽海出版社，2008

5. 江华. 雷锋的故事. 呼和浩特：远方出版社，2012

6. 曾祥彪，纪红建. 英雄路漫漫. 北京：大众文艺出版社，2009

7. 中国青年出版社. 革命硬骨头麦贤得. 北京：中国青年出版社，1966

8. 王国栋. 沧海英雄. 广州：广东人民出版社，1999

9. 金敬迈. 欧阳海之歌. 北京：解放军文艺出版社，1966

10. 中夙、杜守林. 炮兵少校. 北京：八一出版社，1993

11. 枫霜. 新中国英雄模范人物谱. 南京：江苏少年儿童出版社，1991

12. 西北人民出版社编辑部. 朝鲜战场上中朝战士的英勇故事. 西安：西北人民出版社，1951

13. 中共中央宣传部宣传教育局. 理论战士方永刚. 北京：学习出版社，2007

14. 总政治部、人民出版社. 战斗英雄故事选. 北京：人民出版社，1978

15. 中国青年出版社. 伟大的祖国无畏的战士. 北京：中国青年出版社，1953

16.党高明. 中国武警神奇人物. 郑州：黄河出版社，2001